APRON
and
WORK
WEAR
エプロン と ワークウェア

小原洋子　小原 彩

コットンハウス・アヤ

文化出版局

introduction

エプロンは、服を汚れからカバーするだけでなく、
ブラウスやパンツと同じように、
ワードローブの中のひとつのアイテムと考えました。

キッチン、ガーデン、ホームパーティ、買い物……で、
エプロンを主役にしたコーディネートをしてみませんか。
毎日の時間が、少し楽しくなるかもしれません。

心地いい素材にこだわり、
いつもの服になじむような自然な色合いのエプロンたちは、
コットンハウス・アヤのアトリエから、
アンティークのコレクションと共にご紹介。

この本をきっかけに、エプロン好きが増えますように。

contents

A

Apron

刺繍レースでおもてなしに

How to make P.40

B

House coat

ハウスコート

How to make P.42

C

Apron

ギャルソンスタイル

How to make P.44

D

Apron

フェミニンなキャミソール風

How to make P.45

E

Apron

肩ひものアレンジ自在なデザイン

How to make　P.46

F

Apron

クラシカルなカフェスタイル

How to make　P.47

G

Apron

モノトーンでドレスアップ

How to make P.48

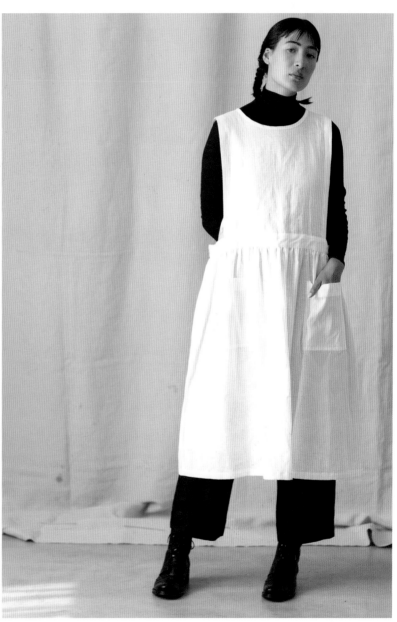

H

Skirt apron

着こなし多彩なレイヤードスタイル

How to make P.50

I

Smock apron

チュニック丈のオーバーブラウスタイプ

How to make P.52

J

Apron

ウエストギャザーのベーシックスタイル
How to make P.54

K

Apron

コクーンシルエットのチュニック風

How to make　P.56

L

Apron

サイドリボンでスイートデザイン

How to make P.58

M

Smock apron

後ろあきのスタンダードスタイル

How to make P.60

N

Smock apron & Pettipants

たっぷりギャザーのスモックと裾レースのペチパンツ

How to make P.62

O

Skirt apron

シンプルギャザーのスカートタイプ

How to make P.66

P

Apron

ボタニカルプリントのガーデンスタイル

How to make P.67

Q

Apron

ジャンパースカートタイプ

How to make P.68

R

Apron

キッチンクロスつきのスタンダードスタイル

How to make P.69

S

Smock dress

バックギャザーのワンピース

How to make P.70

T

Apron

ロング丈のジャンパースカートスタイル

How to make P.72

U

Overall

オーバーサイズのコンビネゾン

How to make　P.74

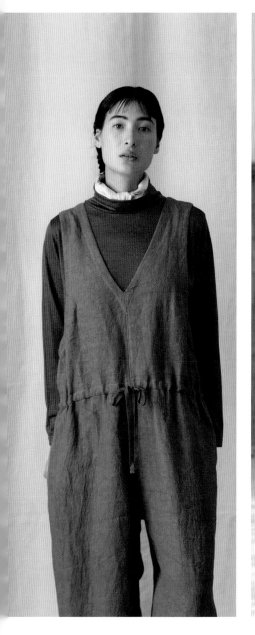

V

Apron

厚手ツイルのバッククロスデザイン

How to make P.73

W

Apron

後ろギャザーのキャミソール風

How to make　P.76

How to make

作り始める前に

♦ パターンの選び方、作り方

1 必要なパーツを見つける

実物大パターンには各デザインの多数のパーツが様々な方向で重なって配置されています。その中から外周に表示してあるデザイン記号とパーツ名を手がかりに必要なパーツを探します。各作り方ページにあるパターン配置図（図1）、パーツ数も参考にしてください。パーツを確認したら、パーツ名、布目、合い印に色鉛筆などで印をつけておきましょう。四角いポケットはABCの3種類あります。各作り方ページを参照して必要なポケットを選んでください。実物大パターンには入っていないカーブのない直線のみの形のパーツもあります。寸法や裁断は各作り方ページを参照してください。

図1　パターン配置図

パターン内の線と記号

線・記号	意味	線・記号	意味
——	縫い代線	— —	わで裁つ線
—·—·—	見返し線	——	出来上り線
⌐	合い印	＋	ボタンつけ位置 ポケット位置

2 パターンを写す

実物大パターンの上に写す紙を置いて重しなどで押さえ、選んだデザインの縫い代線、中心線、合い印、布目線、パーツ名などを写し取ります（図2）。布目線はパターンの端から端まで長く延長しておくと、裁断の際便利です。1つのパターンの中に複数のパーツが入っている場合があるので、もれがないように写しましょう。また、一部のパターンは紙面の都合上折りたたんで掲載されています。開いた形でパターンを写します（図3）。実物大パターンには出来上り線も示してありますが、パターンを作る段階で写す必要はありません。各箇所の縫い代幅の数字を忘れずに書いておきましょう。縫い代幅は各作り方ページの裁合せ図も参照してください。各作り方ページの縫い方図には出来上り線も表示していますが、出来上りの目安のためです。パターンは右半身で掲載していますが、裁合せ図は左右を開いた形で示しているパーツもあります。各作り方ページの解説を見て布地を二つ折りにして裁断するか、開いた形のパターンを作ります（図4）。写す紙は専用のハトロン紙がおすすめです。

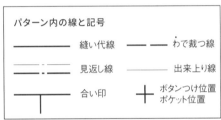

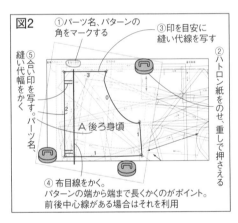

図2
① パーツ名、パターンの角をマークする
② ハトロン紙をのせ、重しで押さえる
③ 印を目安に縫い代線を写す
④ 布目線をかく。パターンの端から端まで長くかくのがポイント。前後中心線がある場合はそれを利用
⑤ 合い印を写す。縫い代幅をかく
A 後ろ身頃
パーツ名

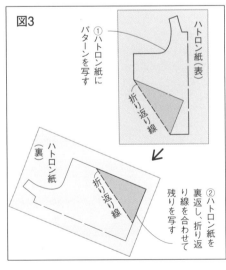

図3
① ハトロン紙にパターンを写す
② ハトロン紙を裏返し、折り返り線を合わせて残りの線を写す
ハトロン紙（表）
ハトロン紙（裏）
折り返り線

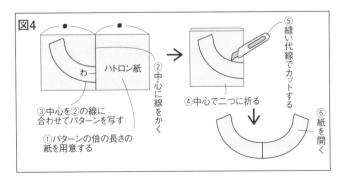

図4
① パターンの倍の長さの紙を用意する
② 中心に線をかく
③ 中心を②の線に合わせてパターンを写す
わ　ハトロン紙
④ 中心で二つに折る
⑤ 縫い代線でカットする
⑥ 紙を開く

♦ 裁断のしかた

1 布地にパターンを置く

作り方ページにある裁合せ図を参照して布地にパターンを配置します。布地は基本は外表に折り、布目線を耳や二つ折りにした布端に平行にしてパターンを置きます。まち針や重しでパターンが動かないように押さえ、パターンにそってカットします。

2 印つけ

縫い代に入れる合い印は、ノッチ（3〜5mmの切込み・図5）でしるします。パーツの内部にある印（ポケット位置、ボタンつけ位置など）は、チョークペーパーやチョークペンシルでしるします（図5）。いずれかの方法を選んでください。

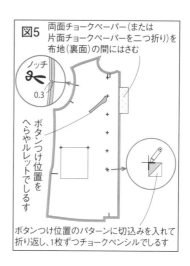

図5 両面チョークペーパー（または片面チョークペーパーを二つ折り）を布地（裏面）の間にはさむ

ノッチ 0.3

ボタンつけ位置をへらやルレットでしるす

ボタンつけ位置のパターンに切込みを入れて折り返し、1枚ずつチョークペンシルでしるす

♦ 接着芯をはる

デザインと素材に応じて必要な部分（各作り方ページの裁合せ図参照）に接着芯をはります。全面に接着芯をはるパーツは、表布、接着芯とも粗裁ちの状態で接着し、その後パターンを当てて正確に裁断します（図6）。

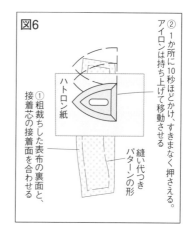

図6

① 粗裁ちした表布の裏面と、接着芯の接着面を合わせる

ハトロン紙

縫い代つきパターンの形

② 1か所に10秒ほどかけ、すきまなく押さえる。アイロンは持ち上げて移動させる。

♦ 基本の縫い方

本書は出来上り線の印つけはしないで縫い合わせる箇所の縫い代端、合い印を合わせて、縫い代幅で示した位置をミシンで縫い合わせます。縫合せの時は、まず合い印どうしを合わせてまち針でとめます。次に直線は粗く、カーブは細かくまち針をとめます。ミシンにステッチ定規をとりつけて縫い代幅にセットし、そこに裁ち端を合わせてまち針を外しながら縫います（図7）。ステッチ定規を使用しない場合は、押え金の幅や針板の印を目安にしてください。ミシンをかけたらまず縫い目にアイロンをかけて落ち着かせます。縫い代を割ったり倒したりする前のこまめなアイロンかけのひと手間が、仕上りの美しさに差をつけます。裁ち端の始末は、作り方ページでは主にロックミシン（またはジグザグミシン）をかける方法で解説しています。ポケット口や裾、後ろ端など縫い代を折ってステッチで始末する部分は、三つ折りミシン（→P.44）、または完全三つ折りミシン（→P.47）で始末します。

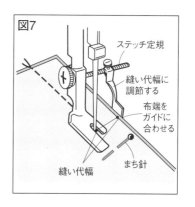

図7 ステッチ定規

縫い代幅に調節する

布端をガイドに合わせる

縫い代幅 まち針

Back Style

パターン配置図

実物大パターン(1面)のパーツ数4
※ポケットAのパターンは2面

材料
表布(綿レース)
　=110cm幅2m50cm

裁断のポイント
ひもとバイアス布のパターンはありません。裁合せ図を参照して布地から直接裁断します。

縫い方ポイント
脇とウエストは縫い合わせてから2枚一緒にロックミシンで始末し、それぞれ片返しにします。バイアス布は長めに裁断しています。仕立てる途中で余分はカットします。

作り方順序
1　ポケットを作り、つける。→P.50 ミシンかんぬき止めはなし。
2　前後身頃の上端を三つ折りミシンで始末する。
3　肩ひもを作りながら前後袖ぐりを縁とりし、脇を縫う。
4　スカートの脇を縫う。縫い代は後ろ側に片返しにする。
5　裾を完全三つ折りミシンで始末する。→P.47
6　スカートのウエストにギャザーを寄せる。→P.45
7　ウエストを縫い合わせる。縫い代は身頃側に片返しにし、ステッチをかける。
8　ひもを作る。
9　ひもをはさんで後ろ端を完全三つ折りミシンで始末する。

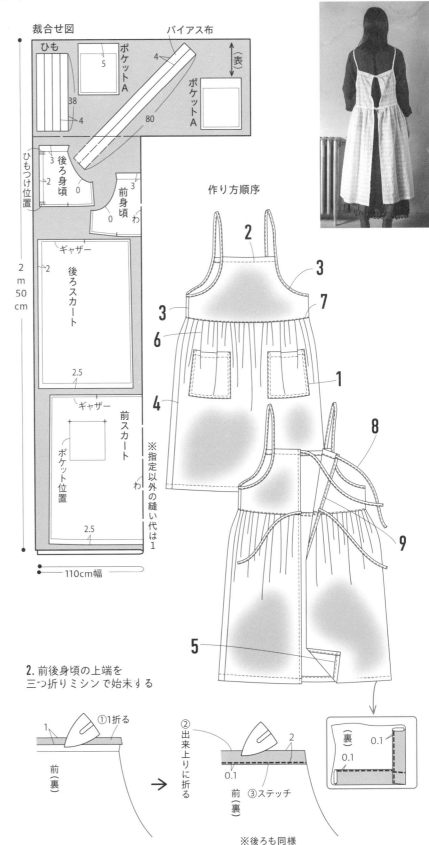

裁合せ図

ひも

バイアス布

ポケットA
5

4

38

4

ポケットA
80

(表)

後ろ身頃
3
2
0

前身頃
3
0
わ

ひもつけ位置

ギャザー
後スカート
2

2.5

ギャザー
前スカート
ポケット位置

2.5

わ

※指定以外の縫い代は1

2m50cm

110cm幅

作り方順序

2. 前後身頃の上端を三つ折りミシンで始末する

1　①1折る
前(裏)

②出来上りに折る
0.1
前(裏)　③ステッチ
2

(裏)　0.1
0.1

※後ろも同様

3. 肩ひもを作りながら前後袖ぐりを
縁とりし、脇を縫う

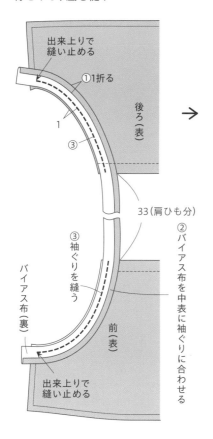

出来上りで縫い止める

①1折る

後ろ（表）

1

③

33（肩ひも分）

③袖ぐりを縫う

②バイアス布を中表に袖ぐりに合わせる

バイアス布（裏）

前（表）

出来上りで縫い止める

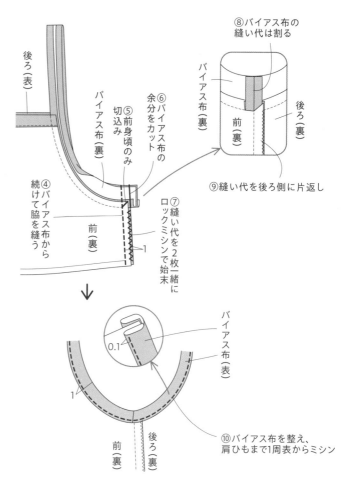

後ろ（表）

バイアス布（裏）

④バイアス布から続けて脇を縫う

⑤前身頃のみ切込み

⑥バイアス布の余分をカット

前（裏）

⑦縫い代を2枚一緒にロックミシンで始末

1

⑧バイアス布の縫い代は割る

バイアス布（裏）

前（裏）　後ろ（裏）

⑨縫い代を後ろ側に片返し

→

0.1

バイアス布（裏）

1

前（裏）　後ろ（裏）

⑩バイアス布を整え、肩ひもまで1周表からミシン

---

8. ひもを作る

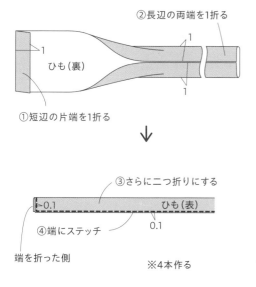

②長辺の両端を1折る

1

ひも（裏）

1

①短辺の片端を1折る

1

↓

③さらに二つ折りにする

0.1　ひも（表）　0.1

④端にステッチ

端を折った側

※4本作る

---

9. ひもをはさんで後ろ端を完全三つ折りミシンで始末する

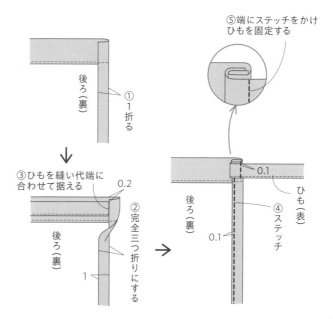

後ろ（裏）

①1折る

↓

③ひもを縫い代端に合わせて据える

0.2

後ろ（裏）

②完全三つ折りにする

1

⑤端にステッチをかけひもを固定する

→

0.1

後ろ（裏）

ひも（表）

④ステッチ

0.1

パターン配置図

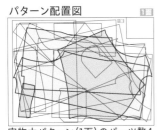

実物大パターン(1面)のパーツ数4
※ポケットBのパターンは2面

材料
表布(ヒッコリーデニム)
　=110cm幅3m40cm
接着芯=90cm幅85cm
ボタン=直径1.5cm6個
ゴムテープ
　=0.8cm幅26cm2本(縫い代込み)

裁断のポイント
ポケットは身頃のつけ位置の柄と合うように、柄をそろえて裁断します。衿のパターンは中心で開いた形で裁断していますが、他のパーツを裁断した後、布地を二つ折りにして裁断してもいいでしょう。中心で開いた形のパターンの作り方はP.38を参照してください。

縫い方ポイント
ポケット口の上端角、後ろプリーツと脇スリットの縫止り位置には、色糸でミシンかんぬき止めをかけます。肩、脇、袖下、袖つけ、衿つけの縫い代は、縫い合わせてから2または3枚一緒にロックミシンで始末し、それぞれ片返しにします。

縫い始める前の準備
裁合せ図を参照して接着芯をはる。前後脇の縫止りから上の10cmくらいの縫い代端をロックミシンで始末する。

作り方順序
1　ポケットを作り、つける。→P.50　ポケット口は完全三つ折りミシンで始末。→P.47
2　後ろプリーツを縫止りまで縫い、ステッチをかける。
3　脇を縫い、脇スリットを作る。
4　肩を縫う。縫い代は後ろ側に片返しにする。
5　衿を作り、つける。
6　袖を作り、つける。→P.71　袖山にギャザーは入れない。
7　裾を三つ折りミシンで始末する。→P.44　見返し奥をステッチでとめる。
8　ボタン穴を作り、ボタンをつける。

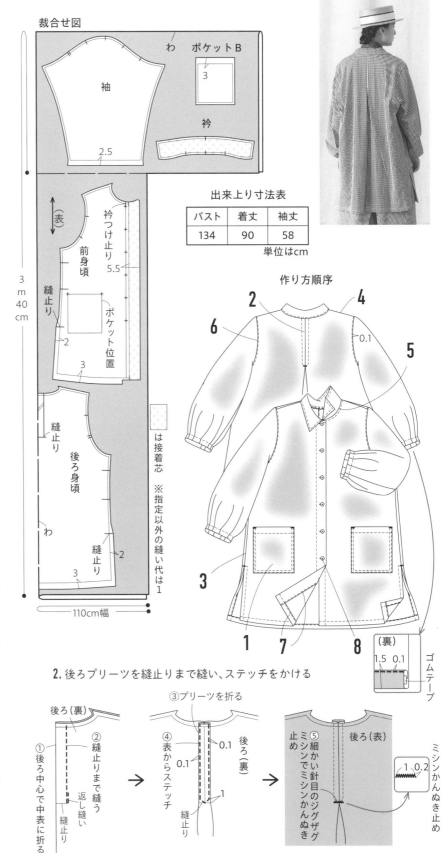

裁合せ図

わ　ポケットB
3

袖

2.5

衿

衿つけ止り
前身頃
5.5
縫止り
2
ポケット位置
3

縫止り
後ろ身頃
わ
縫止り
2
3

は接着芯　※指定以外の縫い代は1

3m40cm

110cm幅

出来上り寸法表

バスト	着丈	袖丈
134	90	58

単位はcm

作り方順序

2　4
6
0.1
5
3
1　7　8

(裏)
1.5　0.1　ゴムテープ

2. 後ろプリーツを縫止りまで縫い、ステッチをかける

後ろ(裏)
①後ろ中心で中表に折る
②縫止りまで縫う
返し縫い
縫止り

③プリーツを折る
④表からステッチ
0.1
0.1
後ろ(裏)
1
縫止り

⑤細かい針目のジグザグミシンでミシンかんぬき
縫止め
後ろ(表)
ミシンかんぬき止め
1　0.2

3. 脇を縫い、脇スリットを作る

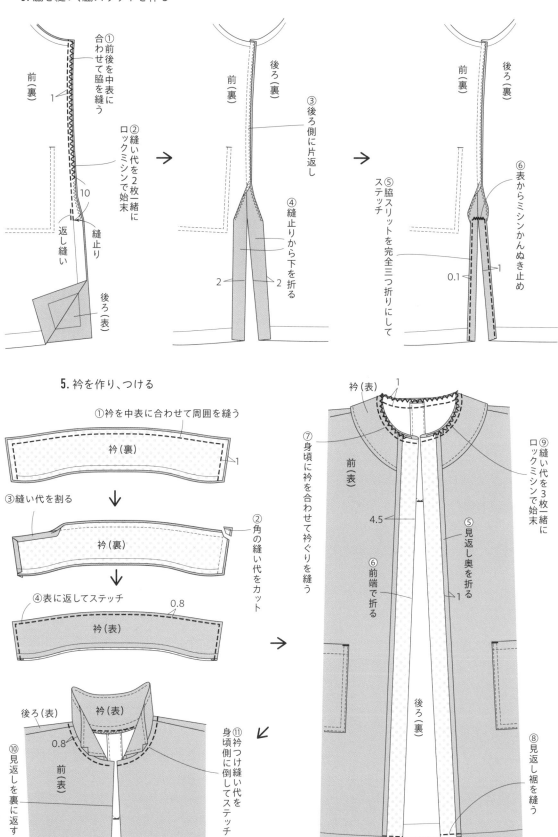

① 前後を中表に合わせて脇を縫う

前（裏）

1

② 縫い代を2枚一緒にロックミシンで始末

10

返し縫い

縫止り

後ろ（表）

→

前（裏）　後ろ（裏）

③ 後ろ側に片返し

④ 縫止りから下を折る

2　2

→

前（裏）　後ろ（裏）

⑤ 脇スリットを完全三つ折りにしてステッチ

⑥ 表からミシンかんぬき止め

0.1　1

5. 衿を作り、つける

① 衿を中表に合わせて周囲を縫う

衿（裏）

1

③ 縫い代を割る

衿（裏）

② 角の縫い代をカット

④ 表に返してステッチ

衿（表）

0.8

⑩ 見返しを裏に返す

後ろ（表）　衿（表）

0.8

前（表）

⑪ 衿つけ縫い代を身頃側に倒してステッチ

衿（表）

1

⑦ 身頃に衿を合わせて衿ぐりを縫う

前（表）

4.5

⑥ 前端で折る

⑤ 見返し奥を折る

1

⑨ 縫い代を3枚一緒にロックミシンで始末

後ろ（裏）

⑧ 見返し裾を縫う

43

Back Style

パターン配置図

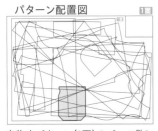

実物大パターン（1面）のパーツ数1

材料

表布（ヒッコリーデニム）
=110cm幅1m80cm

裁断のポイント

ポケット以外のパターンはありません。裁合せ図を参照して布地から直接裁断します。ポケットはつけ位置の柄と合うように、柄をそろえて裁断します。

縫い方ポイント

ポケット口の上端角と、左右を重ねた縫止り位置には、色糸でミシンかんぬき止めをかけます（P.42参照）。

作り方順序

1　ポケットを作り、つける。→P.50
2　左右エプロンの上端を除く3辺を三つ折りミシンで始末する。
3　左エプロンの上に右エプロンを重ね、端を縫止りまでミシンでとめる。
4　上端を三つ折りミシンで始末する。
5　ひもを作る。→P.41
6　ひもをつける。

裁合せ図

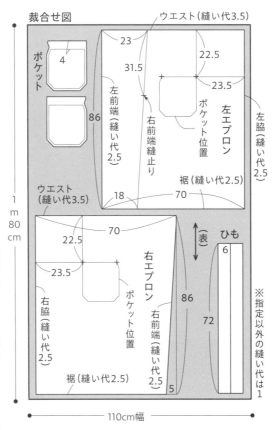

ウエスト（縫い代3.5）
ポケット
4
86
23
31.5
22.5
23.5
左前端（縫い代2.5）
右前端縫止り
ポケット位置
左エプロン
左脇（縫い代2.5）
裾（縫い代2.5）
18
70
ウエスト（縫い代3.5）
70
22.5
23.5
右脇（縫い代2.5）
右前端（縫い代2.5）
ポケット位置
右エプロン
86
（表）
裾（縫い代2.5）
5
ひも
6
72
※指定以外の縫い代は1
1m80cm
110cm幅

三つ折りミシン

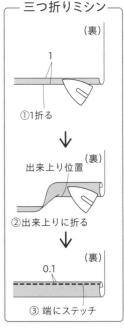

（裏）
1
①1折る
出来上り位置
（裏）
②出来上りに折る
（裏）
0.1
③端にステッチ

作り方順序

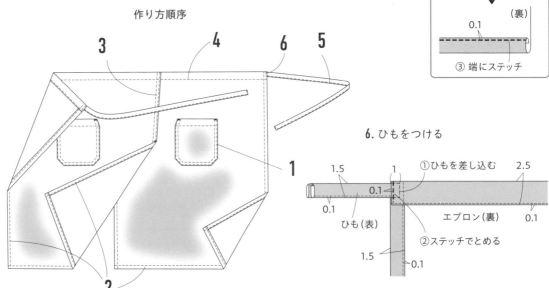

3 4 6 5
1
2

6. ひもをつける

1.5
1
①ひもを差し込む
2.5
0.1
0.1
ひも（表）
エプロン（裏）
0.1
②ステッチでとめる
1.5
0.1

パターン配置図

実物大パターン（1面）のパーツ数2
※ポケットBのパターンは2面

材料
表布（ソフトデニム）＝110cm幅2m30cm

裁断のポイント
バイアス布のパターンはありません。裁合せ
図を参照して布地から直接裁断します。

縫い方ポイント
脇縫い代は縫い始める前にロックミシンで
始末しておきます。ポケット口の上端角には、
色糸でミシンかんぬき止めをかけます（P.42
参照）。バイアス布は長めに裁断しています。
仕立てる途中で余分はカットします。

作り方順序
1　ポケットを作り、つける。→P.50　ポケット
　　ロは完全三つ折りミシンで始末。
　　→P.47
2　前衿ぐりにギャザーを寄せて縁とりする。
3　後ろ端を完全三つ折りミシンで始末す
　　る。→P.47
4　後ろ上端を縁とりし、続けてひもを作る
　　（ひも部分は55cm）。→P.49（縁とり幅は
　　0.8cm）
5　前後袖ぐりを縁とりで始末し、続け
　　て肩ひもを作る（肩ひも部分は26cm）。
　　→P.41（縁とり幅は0.8cm）
6　脇を縫い割る。
7　裾を完全三つ折りミシンで始末する。

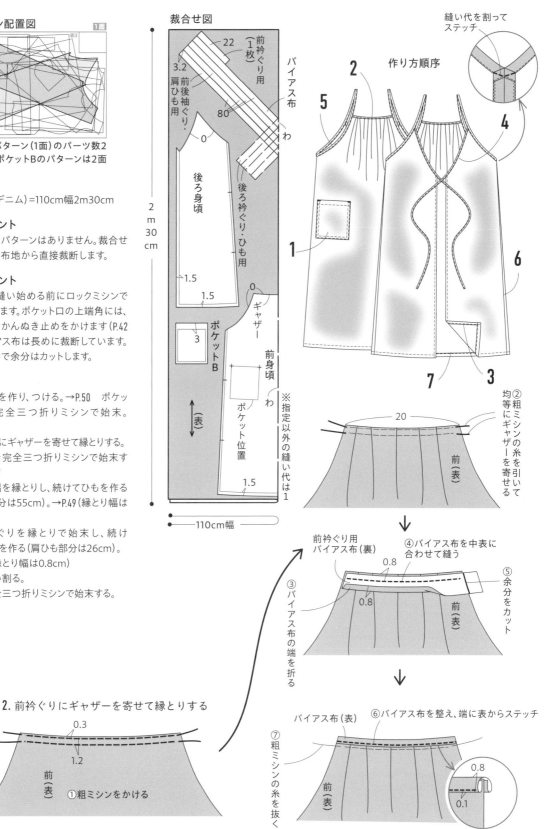

裁合せ図

110cm幅

2m30cm

作り方順序

2. 前衿ぐりにギャザーを寄せて縁とりする

Back Style

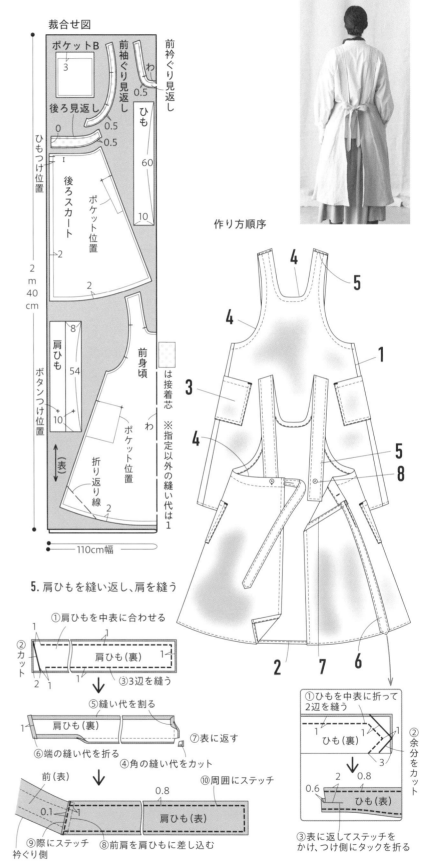

パターン配置図

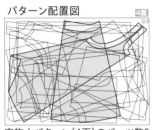

4面

実物大パターン（4面）のパーツ数5
※ポケットBのパターンは2面

材料

表布（ナチュラルリネン）
　=110cm幅2m40cm
接着芯=90cm幅45cm
ボタン=直径・1.8cm2個

裁断のポイント

前身頃のパターンは一部を折り返しています。P.38を参照して全体を写します。各見返しのパターンは後ろスカート、前身頃の中にそれぞれ入っています。後ろスカート、前身頃とは別に写し取ってパターンを作ります。ひも、肩ひものパターンはありません。裁合せ図を参照して布地から直接裁断します。

縫い方ポイント

ポケット口の上端角には、同色の糸でミシンかんぬき止めをかけます（P.42参照）。肩ひものボタン位置は実際に着用し、ちょうどいい位置を決めてもいいでしょう。

縫い始める前の準備

裁合せ図を参照して接着芯をはる。

作り方順序

1 前身頃と後ろスカートの脇を縫う。縫い代は2枚一緒にロックミシンで始末し、後ろ側に片返しにする。前袖ぐり見返しと後ろ見返しの脇を縫い割る。
2 裾を完全三つ折りミシンで始末する。→P.47
3 ポケットを作り、つける。→P.50　ポケット口は完全三つ折りミシンで始末。
4 見返し奥を出来上りに折る。エプロンと中表に合わせて、衿ぐり、前袖ぐり、後ろ上端を縫って表に返す。見返し奥をステッチでとめる。
5 肩ひもを縫い返し、肩を縫う。
6 ひもを作る。つけ側のタックを折る。
7 後ろ端にひもをはさんで、後ろ端を完全三つ折りミシンで始末する。→P.41
8 ボタン穴を作り、ボタンをつける。

裁合せ図

ポケットB 3
前袖ぐり見返し
前衿ぐり見返し
わ 0.5
後ろ見返し
0
0.5
0.5
ひも
60
10
ひもつけ位置
後ろスカート
ポケット位置
2
2
ボタンつけ位置
8
肩ひも
54
10
前身頃
わ
ポケット位置
折り返し線
※は接着芯 ※指定以外の縫い代は1
2m40cm
110cm幅

5. 肩ひもを縫い返し、肩を縫う

①肩ひもを中表に合わせる
1 1 1
②カット
2 1
肩ひも（裏）
1
③3辺を縫う
1
⑤縫い代を割る
肩ひも（裏）
⑥端の縫い代を折る
⑦表に返す
④角の縫い代をカット
前（表）
0.8
0.1
1
肩ひも（表）
⑩周囲にステッチ
⑨際にステッチ
衿ぐり側
⑧前肩を肩ひもに差し込む

①ひもを中表に折って2辺を縫う
1 1
ひも（裏）
3
②余分をカット
2 0.8
0.6
ひも（表）
③表に返してステッチをかけ、つけ側にタックを折る

パターン配置図

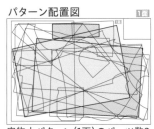

実物大パターン（1面）のパーツ数3
※ポケットAのパターンは2面

材料
表布（綿ローン）=110cm幅2m50cm

裁断のポイント
ひものパターンはありません。裁合せ図を参照して布地から直接裁断します。

縫い方ポイント
脇の縫い代は縫い合わせてから2枚一緒にロックミシンで始末し、後ろ側に片返しにします。ポケットは右側のみにつけます。分量の多いギャザーです。合い印を目安に均等にギャザーを寄せます。ひもの先は傾斜のある形ですが、まっすぐに裁断し、縫い合わせた後、余分な縫い代をカットする方法で作ります。

作り方順序
1　ポケットを作り、つける。→P.50　ミシンかんぬき止めはしない。
2　脇を縫う。
3　裾を完全三つ折りミシンで始末する。
4　後ろ端を完全三つ折りミシンで始末する。
5　表、裏ウエスト布の上端を縫い返す。
6　エプロンにギャザーを寄せ（→P.45）、表ウエスト布と縫い合わせる。縫い代はウエスト布側に片返しにする。
7　ひもを作る。ひもをはさんでウエスト布を出来上りに整え、3辺にステッチ。

裁合せ図

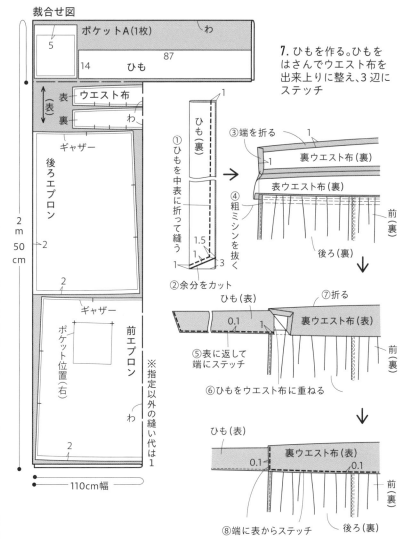

7. ひもを作る。ひもをはさんでウエスト布を出来上りに整え、3辺にステッチ

完全三つ折り

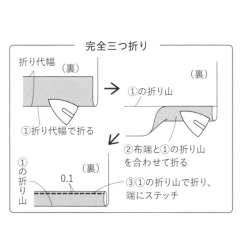

作り方順序

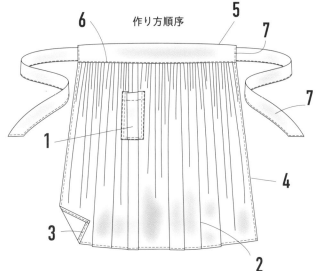

パターン配置図

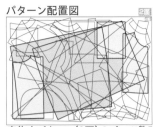

実物大パターン（2面）のパーツ数5

材料
表布（ナチュラルリネン）
=110cm幅2m70cm

裁断のポイント
ひも、バイアス布、ウエスト布のパターン
はありません。裁合せ図を参照して布地
から直接裁断します。

縫い方ポイント
肩、脇の縫い代は縫い合わせてから2枚一
緒にロックミシンで始末し、後ろ側に片返
しにします。バイアス布は長めに作ってい
ます。仕立てる途中で余分はカットします。

作り方順序
1　ポケットを作り、つける。→P.50　ミシ
　　ンかんぬき止めはなし。
2　肩を縫う。
3　前後身頃の脇側、後ろ端を三つ折り
　　ミシンで始末する。→P.44
4　衿ぐりを縁とりし、続けてひもを作る。
5　スカートの脇を縫う。
6　スカートの後ろ端を三つ折りミシン
　　で始末する。
7　裾を三つ折りミシンで始末する。
8　スカートのウエストにギャザーを寄
　　せる。→P.45
9　表、裏ウエスト布と前後スカート、前
　　後身頃を縫い合わせる。
10　ひもを作る。→P.41
11　後ろ端にひもをはさんでウエスト布
　　の周囲にステッチ。

裁合せ図

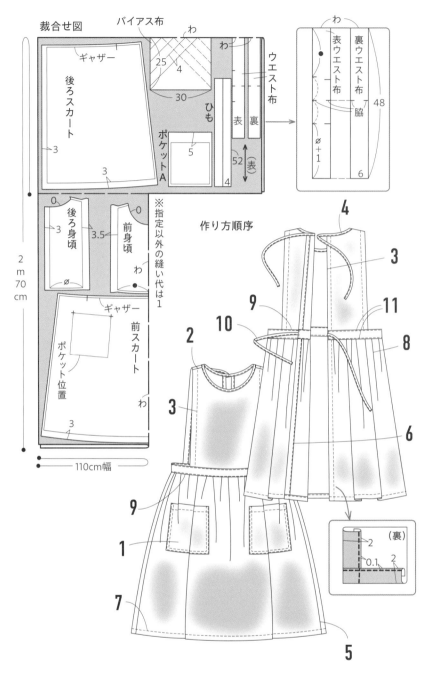

バイアス布の作り方

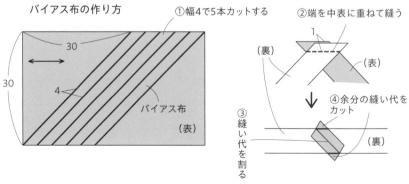

4. 衿ぐりを縁とりし、続けてひもを作る

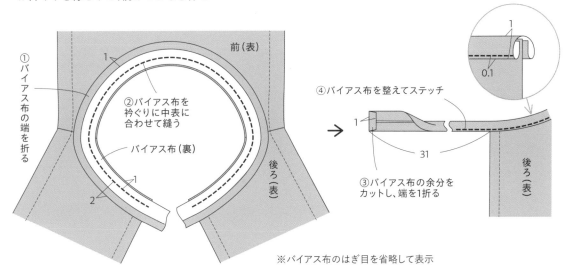

①バイアス布の端を折る

①バイアス布

②バイアス布を衿ぐりに中表に合わせて縫う

前（表）

バイアス布（裏）

後ろ（表）

④バイアス布を整えてステッチ

1

0.1

1

31

③バイアス布の余分をカットし、端を1折る

後ろ（表）

※バイアス布のはぎ目を省略して表示

9. 表、裏ウエスト布と前後スカート、前後身頃を縫い合わせる

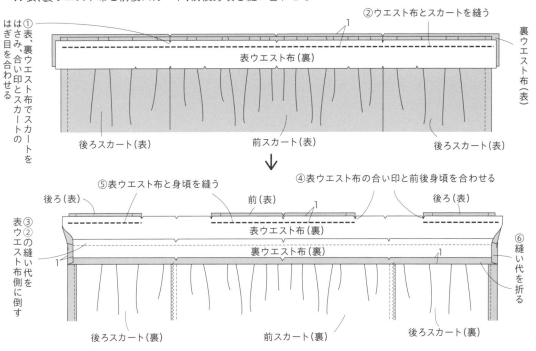

①表、裏ウエスト布でスカートをはさみ、合い印とスカートのはぎ目を合わせる

②ウエスト布とスカートを縫う

1

裏ウエスト布（表）

表ウエスト布（裏）

後ろスカート（表）　　前スカート（表）　　後ろスカート（表）

③②の縫い代を表ウエスト布側に倒す

⑤表ウエスト布と身頃を縫う

後ろ（表）　　前（表）　　1

④表ウエスト布の合い印と前後身頃を合わせる

後ろ（表）

表ウエスト布（裏）

裏ウエスト布（裏）

⑥縫い代を折る

1

1

後ろスカート（裏）　　前スカート（裏）　　後ろスカート（裏）

11. 後ろ端にひもをはさんでウエスト布の周囲にステッチ

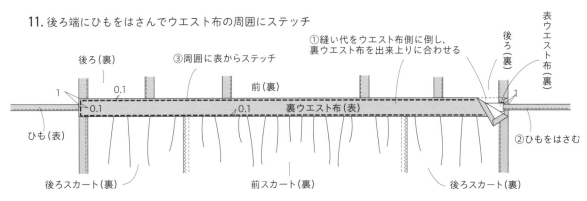

後ろ（裏）

③周囲に表からステッチ

前（裏）

①縫い代をウエスト布側に倒し、裏ウエスト布を出来上りに合わせる

後ろ（裏）

表ウエスト布（裏）

1

0.1

0.1

0.1

裏ウエスト布（表）

1

ひも（表）

②ひもをはさむ

後ろスカート（裏）　　前スカート（裏）　　後ろスカート（裏）

パターン配置図

3面

実物大パターン（3面）のパーツ数2
※ポケットAのパターンは2面

材料

表布（ワッシャービエラ）
　=110cm幅2m30cm
ゴムテープ=2.5cm幅適宜（ウエスト用）

裁断のポイント

ひものパターンはありません。裁合せ図
を参照して布地から直接裁断します。

縫い方ポイント

後ろ中心のあき止りから下10cmくらい
の縫い代は始めにロックミシンをかけて
おきます。脇、後ろ中心の縫い代は縫い
合わせてから2枚一緒にロックミシンで
始末し、それぞれ片返しにします。ポケット
口の上端角には、ポケットつけのステッ
チと同色の糸でミシンかんぬき止めをか
けます（P.42参照）。ゴムテープの長さは、
ウエスト寸法に合わせて長さを加減して
ください。

作り方順序

1　ポケットを作り、つける。
2　後ろ中心を縫う。
3　脇を縫う。縫い代は後ろ側に片返し。
4　裾を三つ折りミシンで始末する。
　　→P.44
5　ウエストを三つ折りミシンで始末し、
　　ゴムテープを通す。
6　ひもを作る。→P.41
7　ひもをつける。

裁合せ図

48
7
ポケットA
5
ひも
（表）
2
あき止り
後ろスカート
4
5
2m30cm
4
前スカート
ポケット位置
わ
5
110cm幅
※指定以外の縫い代は1

出来上り寸法表

ウエスト	スカート丈
174	80

単位はcm

作り方順序

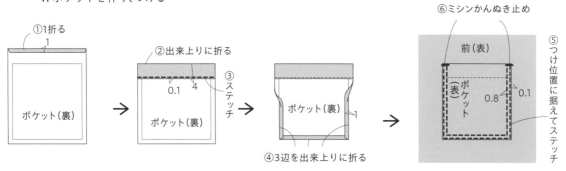

5　3　1　4　7　2　6

⑥ミシンかんぬき止め
前（表）
ポケット（表）
0.8　0.1
⑤つけ位置に据えてステッチ

（裏）
0.1　4

1. ポケットを作り、つける

①1折る
1
ポケット（裏）

②出来上りに折る
0.1　4
③ステッチ
ポケット（裏）

④3辺を出来上りに折る
ポケット（裏）
1

⑥ミシンかんぬき止め
前（表）
ポケット（表）
0.8　0.1
⑤つけ位置に据えてステッチ

2. 後ろ中心を縫う

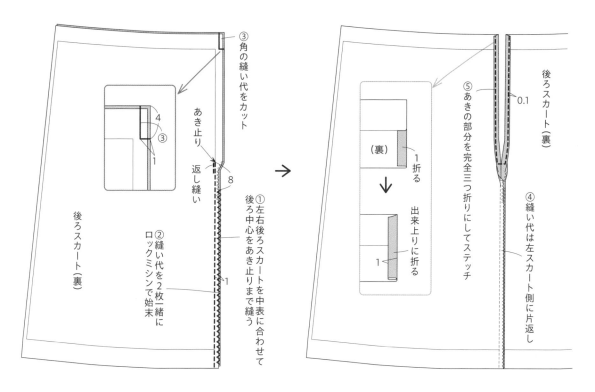

③角の縫い代をカット

④左右後ろスカートを中表に合わせて後ろ中心をあき止りまで縫う

②縫い代を2枚一緒にロックミシンで始末

あき止り

返し縫い

後ろスカート（裏）

⑤あきの部分を完全三つ折りにしてステッチ

④縫い代は左スカート側に片返し

後ろスカート（裏）

1折る

（裏）

出来上りに折る

5. ウエストを三つ折りミシンで始末し、ゴムテープを通す

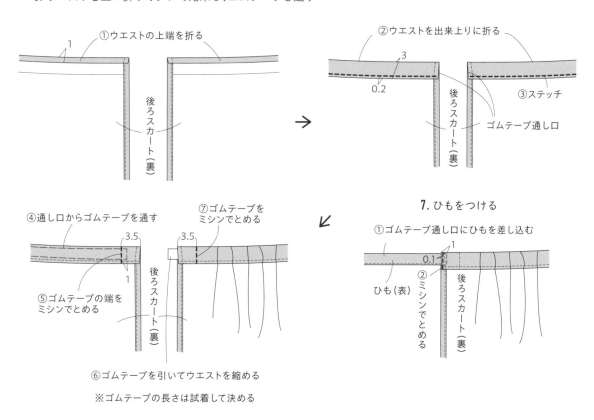

①ウエストの上端を折る

後ろスカート（裏）

②ウエストを出来上りに折る

③ステッチ

ゴムテープ通し口

後ろスカート（裏）

④通し口からゴムテープを通す

⑤ゴムテープの端をミシンでとめる

⑦ゴムテープをミシンでとめる

後ろスカート（裏）

⑥ゴムテープを引いてウエストを縮める

※ゴムテープの長さは試着して決める

7. ひもをつける

①ゴムテープ通し口にひもを差し込む

ひも（表）

②ミシンでとめる

後ろスカート（裏）

Back Style

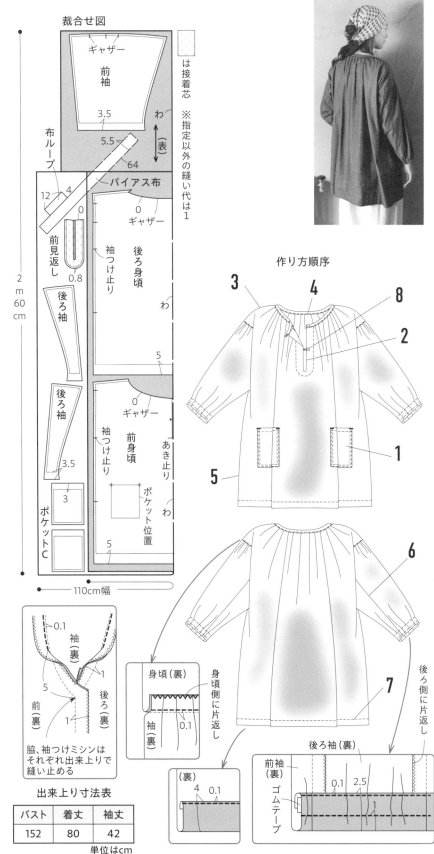

パターン配置図　[4面]

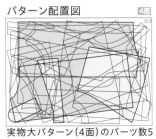

実物大パターン（4面）のパーツ数5
※ポケットCのパターンは2面

材料

表布（ソフトデニム）
　=110cm幅2m60cm
接着芯=15×25cm
ボタン=直径1.3cm2個
ゴムテープ=0.8cm幅27cmを2本
　（縫い代込み）

裁断のポイント

バイアス布、布ループのパターンはありません。裁合せ図を参照して布地から直接裁断します。

縫い方ポイント

肩、脇、袖切替え、袖下、袖つけの縫い代は縫い合わせてから2枚一緒にロックミシンで始末しそれぞれ片返しにします。ポケット口の上端角には、同色の糸でミシンかんぬき止めをかけます（P.42参照）。

縫い始める前の準備

裁合せ図を参照して接着芯をはる。見返し奥を出来上りに折る。

作り方順序

1　ポケットを作り、つける。→P.50　ポケット口は完全三つ折りミシンで始末。→P.47
2　布ループを作り、前あきを見返しで縫い返す。
3　肩を縫う。縫い代は後ろ側に片返し。
4　衿ぐりにギャザーを寄せ、バイアス布で衿ぐりを縁とりする。
5　脇を袖つけ止りまで縫う。縫い代は後ろ側に片返し。
6　袖を作り、つける。→P.71
7　裾を三つ折りミシンで始末する。→P.44
8　ボタンをつける。

裁合せ図

ギャザー
前袖
3.5
5.5
64
わ
（表）

は接着芯
※指定以外の縫い代は1

布ループ
バイアス布
12　4
0
前見返し
0.8
後ろ袖
後ろ袖
3.5
ポケットC
3
3

ギャザー
0
袖つけ止り
後ろ身頃
わ
5

ギャザー
0
袖つけ止り
前身頃
わ
あき止り
ポケット位置
5

2m60cm
110cm幅

0.1
袖（裏）
5
前（裏）
1
後ろ（裏）
1
脇、袖つけミシンはそれぞれ出来上りで縫い止める

身頃（裏）
袖（裏）
0.1
身頃側に片返し

（裏）
4　0.1

前袖（裏）
後ろ袖（裏）
ゴムテープ
0.1　2.5
1
後ろ側に片返し

作り方順序

3　4　8　2　1　5　6　7

出来上り寸法表

バスト	着丈	袖丈
152	80	42

単位はcm

2. 布ループを作り、前あきを見返しで縫い返す

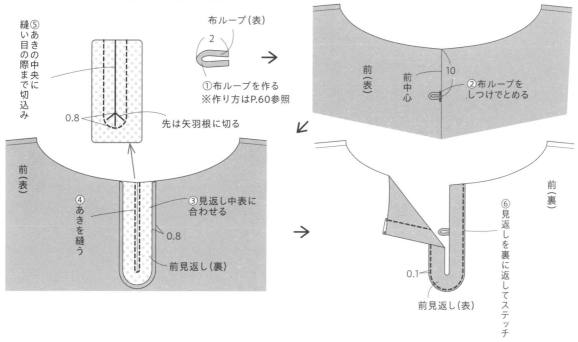

⑤縫い目の際まで切込み
あきの中央に切込み

布ループ（表）
2
①布ループを作る
※作り方はP.60参照

先は矢羽根に切る

0.8

前（表）

④あきを縫う
0.8

③見返し中表に合わせる

前見返し（裏）

前（表）
前中心
10
②布ループをしつけでとめる

前（裏）

⑥見返しを裏に返してステッチ

0.1
前見返し（表）

4. 衿ぐりにギャザーを寄せ、バイアス布で衿ぐりを縁とりする

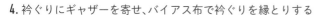

0.3
後ろ（裏）
2

②糸を引いてギャザーを寄せる

前（表）

①衿ぐりにギャザーのための粗ミシンをかける

※前は左右それぞれ17cm、後ろは全体で28cmに縮める

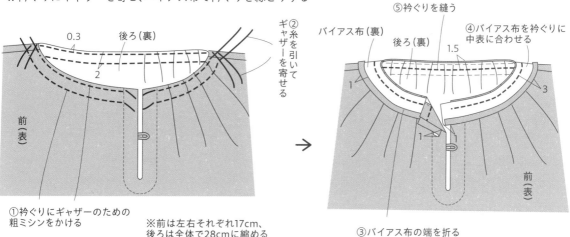

⑤衿ぐりを縫う
バイアス布（裏）
後ろ（裏）
④バイアス布を衿ぐりに中表に合わせる
1.5
1
3
1
1

③バイアス布の端を折る

前（表）

⑦布ループを据える
バイアス布（表）
1.5
後ろ（表）

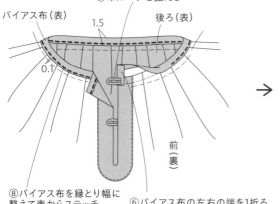

0.1

前（裏）

⑧バイアス布を縁とり幅に整えて表からステッチ
⑥バイアス布の左右の端を1折る

⑨際にステッチ
後ろ（裏）
バイアス布（表）

⑩粗ミシンの糸を抜く

前（表）

パターン配置図

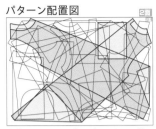

実物大パターン（2面）のパーツ数5

材料

表布（ナチュラルリネン）＝110cm幅2m50cm
接着芯＝90cm幅20cm
ボタン＝直径1.5cm1個
平織りテープ（ひも通し布分）＝2.2cm幅1m20cm
綾織りテープ（ひも分）＝1.8cm幅1m90cm

裁断のポイント

前後衿ぐり見返しのパターンは身頃の中にそれぞ
れ入っています。身頃とは別に写し取ってパターン
を作ります。前後身頃は一部を折り返しています。
P.38を参照して全体を写します。バイアス布のパター
ンはありません。裁合せ図を参照して布地から直接
裁断します。バイアス布は長めに裁断しています。仕
立てる途中で余分はカットします。

縫い方ポイント

肩、脇の縫い代は縫い合わせてから2枚一緒にロッ
クミシンで始末し、後ろ側に片返しにします。ポケッ
ト口の上端角には、同色の糸でミシンかんぬき止
めをかけます（P.42参照）。ひも通し布つけ位置は裁
合せ図を参照して裏側に脇と前後中心の合い印を
チョークペンシルでしるしておきます。

縫い始める前の準備

裁合せ図を参照して接着芯をはる。

作り方順序

1　身頃と見返しの肩をそれぞれ縫う。見返しの縫
　　い代は割り、見返し奥を出来上りに折る。
2　袖ぐりにバイアス布をつけ、脇を縫って袖ぐり
　　を整える。
3　ポケットを作り、つける。→P.50　ポケット口は
　　完全三つ折りミシンで始末。→P.47
4　衿ぐりを見返しで始末する。見返し奥をステッ
　　チでとめる。
5　裾を完全三つ折りミシンで始末する。
6　タブを作る。
7　タブを右後ろ端にはさみ、左右後ろ端を完全
　　三つ折りミシンで始末する。
8　ひも通し布をつけ、ひもを通す。
9　ボタンをつける。

裁合せ図

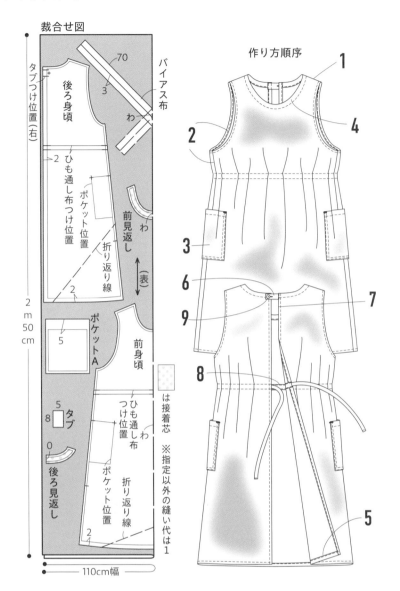

作り方順序

2. 袖ぐりにバイアス布をつけ、脇を縫って袖ぐりを整える

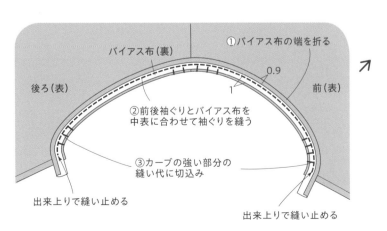

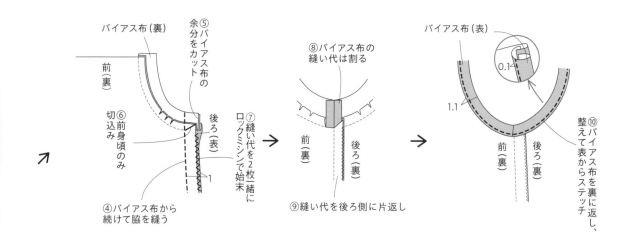

↗

バイアス布（裏）

前（裏）

⑤バイアス布の余分をカット

バイアス布の切込み

⑥前身頃のみ

後ろ（表）

④バイアス布から続けて脇を縫う

⑦縫い代を2枚一緒にロックミシンで始末

1

⑧バイアス布の縫い代は割る

前（裏）　後ろ（裏）

⑨縫い代を後ろ側に片返し

バイアス布（表）

0.1

1.1

前（裏）　後ろ（裏）

⑩バイアス布を裏に返し、整えて表からステッチ

6. タブを作る

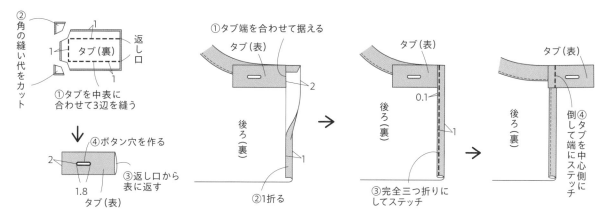

②角の縫い代をカット

1　　1

タブ（裏）　返し口

1

①タブを中表に合わせて3辺を縫う

2

1.8

④ボタン穴を作る

タブ（表）

③返し口から表に返す

7. タブを右後ろ端にはさみ、左右後ろ端を完全三つ折りミシンで始末する

①タブ端を合わせて据える

タブ（表）

後ろ（裏）

②1折る

2

1

タブ（表）

0.1

後ろ（裏）

③完全三つ折りにしてステッチ

1

タブ（表）

後ろ（裏）

④タブを中心側に倒して端にステッチ

8. ひも通し布をつけ、ひもを通す

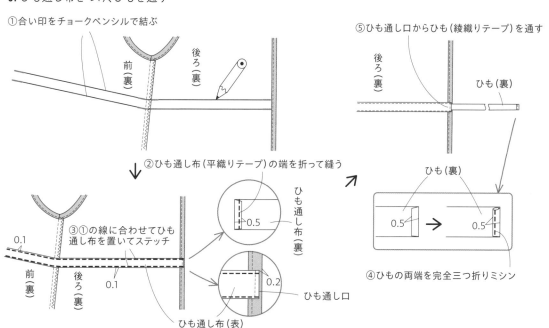

①合い印をチョークペンシルで結ぶ

前（裏）　後ろ（裏）

②ひも通し布（平織りテープ）の端を折って縫う

0.1

前（裏）

③①の線に合わせてひも通し布を置いてステッチ

0.1

後ろ（裏）

0.5

ひも通し布（裏）

0.2

ひも通し口

ひも通し布（表）

⑤ひも通し口からひも（綾織りテープ）を通す

後ろ（裏）

ひも（裏）

ひも（裏）

0.5　　0.5

④ひもの両端を完全三つ折りミシン

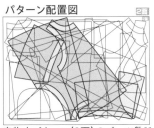

パターン配置図

実物大パターン（2面）のパーツ数11

材料

表布（綿ストライプ）=110cm幅2m50cm
接着芯=90cm幅85cm

裁断のポイント

前後衿ぐり、袖ぐり見返しのパターンはそ
れぞれ身頃の中に入っています。身頃とは
別に写し取ってパターンを作ります。前後
衿ぐり見返しのパターンは中心で開いた
形で裁断していますが、他のパーツを裁
断した後、布地を二つ折りにして裁断して
もいいでしょう。中心で開いた形のパター
ンの作り方はP.38を参照してください。

縫い方ポイント

衿ぐり、袖ぐりを除く身頃の縫い代は縫い
合わせてから2枚一緒にロックミシンで
始末し、それぞれ片返しにします。ポケッ
ト口の上下端には、色糸でミシンかんぬ
き止めをかけます（P.42参照）。

縫い始める前の準備

裁合せ図を参照して接着芯をはる。

作り方順序

1 脇を縫い、ポケットを作る。
2 肩を縫う。縫い代は後ろ側に片返し。
3 衿ぐり、袖ぐり見返しの肩、脇を縫い
　割る。見返し奥を出来上りに折る。
　→P.63
4 衿ぐり、袖ぐりを見返しで縫い返す。
5 裾布、裾見返しの脇をそれぞれ縫う。
　裾布の縫い代は後ろ側に片返し。見
　返しの縫い代は割り、見返し奥を出
　来上りに折る。
6 裾を見返しで縫い返す。
7 身頃と裾布を縫う。縫い代は裾布側
　に片返し。

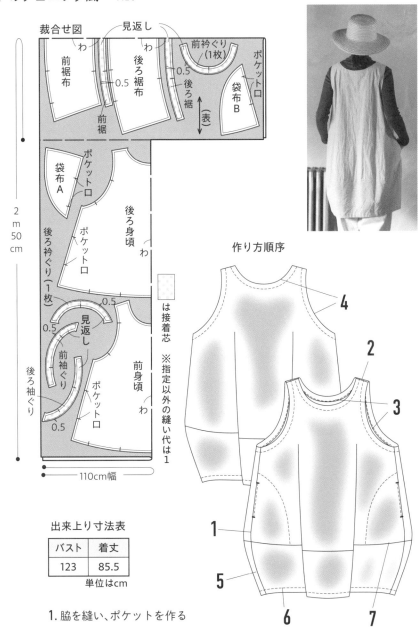

裁合せ図

出来上り寸法表

バスト	着丈
123	85.5

単位はcm

作り方順序

1. 脇を縫い、ポケットを作る

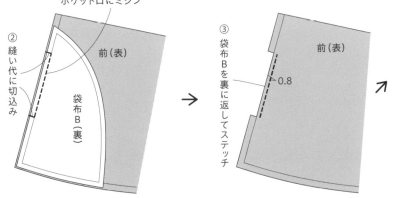

① 前脇と袋布Bを中表に合わせて
　ポケット口にミシン

② 縫い代に切込み

前（表）
袋布B（裏）

③ 袋布Bを裏に返してステッチ

前（表）
0.8

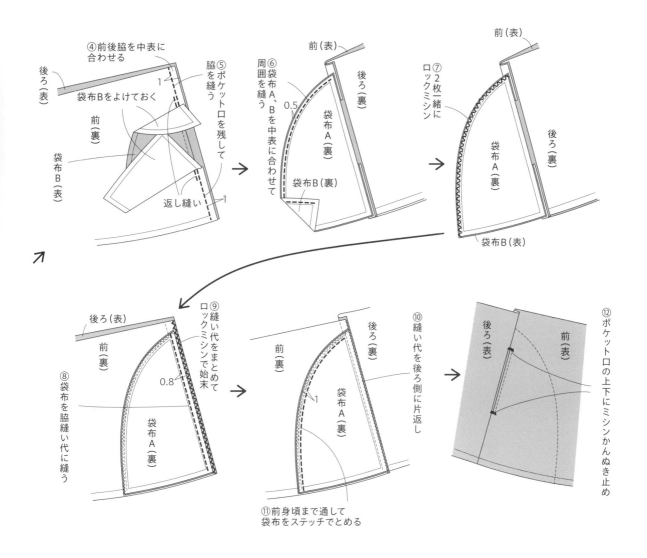

④前後脇を中表に合わせる

⑤脇を縫う

後ろ（表）

袋布Bをよけておく

前（裏）

袋布B（表）

ポケット口を残して

返し縫い

⑥袋布A、Bを中表に合わせて周囲を縫う

前（表）

後ろ（裏）

袋布A（裏）

袋布B（裏）

0.5

⑦2枚一緒にロックミシン

前（表）

後ろ（裏）

袋布A（裏）

袋布B（表）

⑨縫い代をまとめてロックミシンで始末

後ろ（表）

前（裏）

袋布A（裏）

0.8

⑧袋布を脇縫い代に縫う

⑩縫い代を後ろ側に片返し

前（裏）

後ろ（裏）

袋布A（裏）

1

⑪前身頃まで通して袋布をステッチでとめる

⑫ポケット口の上下にミシンかんぬき止め

後ろ（表）

前（表）

4. 衿ぐり、袖ぐりを見返しで縫い返す

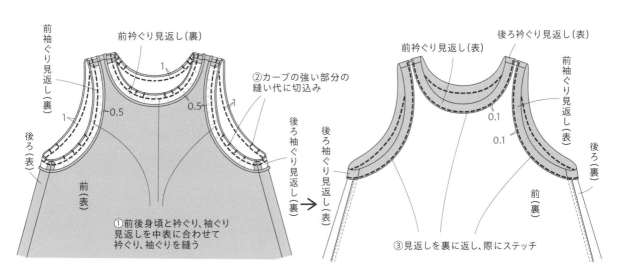

前袖ぐり見返し（裏）

前衿ぐり見返し（裏）

②カーブの強い部分の縫い代に切込み

1

0.5　0.5　1

後ろ袖ぐり見返し（裏）

後ろ（表）

前（表）

①前後身頃と衿ぐり、袖ぐり見返しを中表に合わせて衿ぐり、袖ぐりを縫う

後ろ衿ぐり見返し（表）

前衿ぐり見返し（表）

前袖ぐり見返し（表）

0.1　0.1

後ろ袖ぐり見返し（表）

後ろ（裏）

前（裏）

③見返しを裏に返し、際にステッチ

パターン配置図

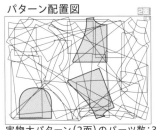

実物大パターン（2面）のパーツ数：3

材料

表布A（リネンストライプ）
＝110cm幅70cm

表布B（リネンチェック）
＝110cm幅1m70cm

ゴムテープ
＝0.8cm幅20cmを2本（ポケット口用）、
2.5cm幅28cmを2本
（肩ひも用・縫い代込み）

裁断のポイント

スカート、ひも、肩ひも、バイアス布のパターンはありません。裁合せ図を参照して布地から直接裁断します。胸当て、背当てパターンは中心で開いた形で裁断していますが、他のパーツを裁断した後、布地を二つ折りにして裁断してもいいでしょう。中心で開いた形のパターンの作り方はP.38を参照してください。

縫い方ポイント

ウエストの縫い代は縫い合わせてから2枚一緒にロックミシンで始末し、上側に片返しにします。ポケットは、つけ位置にポケット口を合わせ、下側カーブ部分を無理なく広げてつけます。ポケット口の上端角には、色糸でミシンかんぬき止めをかけます（P.42参照）。

作り方順序

1　ポケットを作り、つける。
2　肩ひもを作り、肩と縫い合わせる。
3　ひもを作る。→P.41
4　前後スカートのひもつけ位置にひもをはさみ、脇を完全三つ折りミシンで始末する。→P.41
5　前後スカートの上端にギャザーを寄せ（P.45）、胸当て、背当てとそれぞれ縫い合わせる。縫い代は上側に片返しにし、ステッチ。
6　衿ぐり、袖ぐりをバイアス布で始末し、ひもをつける。
7　裾を完全三つ折りミシンで始末する。

裁合せ図
表布A

70cm

30
4
35
8
3.2　衿ぐり用
28
37
肩ひも
ひもつけ位置
袖ぐり用
バイアス布
（表）
ひも
背当て
胸当て

110cm幅

表布B

（表）
ポケット
3
前スカート
70
46
わ
1m70cm
後ろスカート
70
46
わ

※指定以外の縫い代は1

110cm幅

前後スカートの印位置と縫い代

5
ギャザー
11.5
12
11
ウエスト（縫い代1）
ポケット口位置（前）
15
ひもつけ位置
脇（縫い代2）
前後中心わ
裾（縫い代2.5）

作り方順序

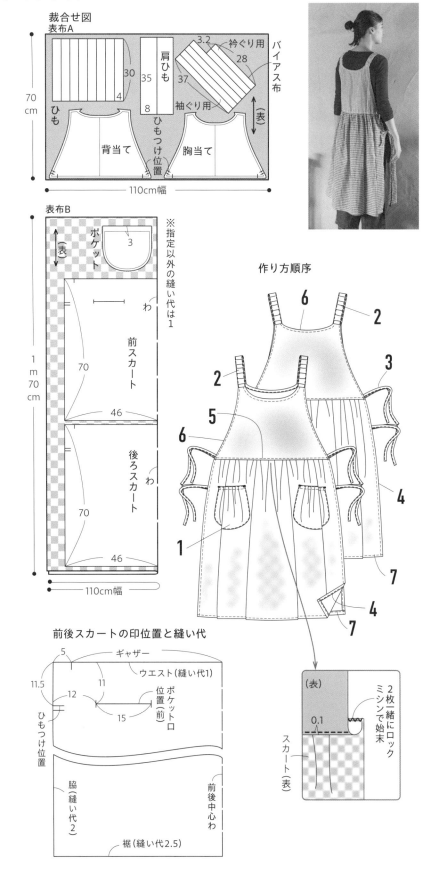

（表）
0.1
スカート（表）
2枚一緒にロックミシンで始末

1. ポケットを作り、つける

①ポケット口を完全三つ折り(→P.47)にしてステッチ

0.1
0.1
1

②カーブの部分を折る

ポケット(裏)

カーブの折り方は
P.68参照

④端をミシンでとめる

③ゴムテープを通す

ポケット(裏)

ゴムテープ

⑤ゴムテープを引いて
ポケット口を縮める

15

ポケット(裏)

⑦余分をカット

⑥ゴムテープを縫いとめる

ポケット(裏)

⑧周囲を折る

⑨つけ位置の印とポケット口を
合わせて据える

⑪ミシンかんぬき止め

⑩ポケットを縫いとめる

ポケット(表)

0.8
0.1

前スカート(表)

2. 肩ひもを作り、肩と縫い合わせる

肩ひも(裏)

1

①肩ひもを中表に二つ折りにして端を縫う

②表に返してステッチ

0.1　肩ひも(表)

ゴムテープ

2　24　2

③ゴムテープを通してミシンでとめる

肩ひも(表)

④③のミシンの際から折り返し
余分のゴムテープをカット

肩ひも(表)

0.8

肩ひも(表)

1

背当て(表)

胸当て(裏)

⑤肩ひもと背当て、胸当ての
肩を合わせてそれぞれ縫う

⑥縫い代をまとめてロックミシンで
始末し、背当て、胸当て側に片返し

6. 衿ぐり、袖ぐりをバイアス布で始末し、ひもをつける

②胸当ての衿ぐり、袖ぐりに
バイアス布を中表に合わせて縫う

③カーブの強い部分の
縫い代に切込み

袖ぐり用
バイアス布(裏)

肩ひも(表)

1　1

1

1　1.2

1.2　1.2

1

1

①バイアス布の端を折る

袖ぐり用
バイアス布(裏)

1

②

1

胸当て(表)

前スカート(表)

1　1

バイアス布(表)

肩ひも(表)

1.2

0.2

1.2

0.2

胸当て(裏)

バイアス布(表)

④ひもをはさむ

前スカート(裏)

⑦端にステッチをかけ、
ひもを固定する

(裏)

0.1

⑥バイアス布を裏に返し
整えてステッチ

⑤バイアス布の端を折る

ひも(表)

ひも(裏)

※背当ても同様

パターン配置図

実物大パターン（3面）のパーツ数7

材料
表布（ポプリン）=110cm幅2m60cm
接着芯=90cm幅90cm
ボタン=直径1.5cm1個
ゴムテープ
　=1.5cm幅28cmを2本（縫い代込み）

裁断のポイント
前後衿ぐり見返し、後ろ端見返しのパターンはそれぞれ身頃の中に入っています。身頃とは別に写し取ってパターンを作ります。ひものパターンはありません。裁合せ図を参照して布地から直接裁断します。

縫い方ポイント
肩、袖つけ、脇から袖下の縫い代は縫い合わせてから2枚一緒にロックミシンで始末し、それぞれ片返しにします。ボタンをとめる布ループは表布で作りますが、既製の伸縮コードを使ってもいいでしょう。

縫い始める前の準備
裁合せ図を参照して接着芯をはる。

作り方順序
1　身頃と衿ぐり見返しの肩をそれぞれ縫う。身頃の縫い代は後ろに片返しにし、見返しは割って見返し奥を出来上りに折る。
2　ひも、布ループを作る（ひもの作り方→P.41）。
3　ひも、布ループをはさんで衿ぐり、後ろ端、見返し裾を縫い返す。
4　袖をつける。
5　袖下から脇を続けて縫う。袖口を三つ折りミシンで始末し、ゴムテープを通す。
6　ポケットを作り、つける。→P.68
7　裾を完全三つ折りミシンで始末する。→P.47　見返し奥をステッチでとめる。
8　ボタンをつける。

裁合せ図

袖
3
前　わ
後ろ　衿ぐり見返し
後ろ身頃
ボタン・布ループつけ位置
ボタン・布ループつけ位置
ひもつけ位置
5　10
布ループ（1枚）
ポケット位置
2
後ろ端見返し
2m60cm
4.5
5
ポケット（表）
72
ひも
ポケット位置
前身頃
わ
2
□は接着芯
※指定以外の縫い代は1
110cm幅

作り方順序

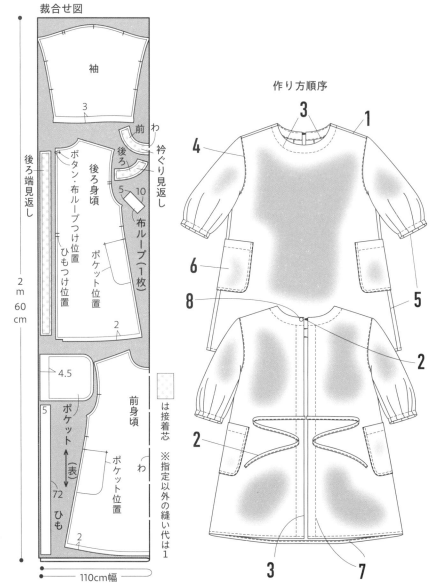

2. 布ループを作る

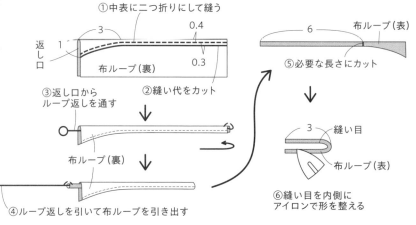

①中表に二つ折りにして縫う
3　0.4
0.3
返し口
布ループ（裏）
②縫い代をカット
③返し口からループ返しを通す
布ループ（裏）
④ループ返しを引いて布ループを引き出す
6　布ループ（表）
⑤必要な長さにカット
3　縫い目
布ループ（表）
⑥縫い目を内側にアイロンで形を整える

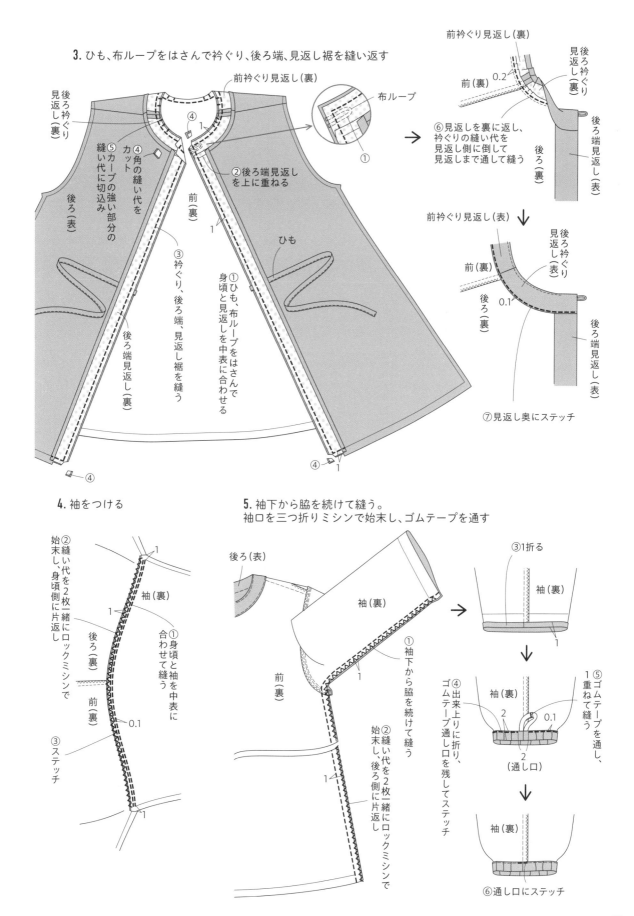

3. ひも、布ループをはさんで衿ぐり、後ろ端、見返し裾を縫い返す

前衿ぐり見返し（裏）

後ろ衿ぐり見返し（裏）

④

①

布ループ

後ろ衿ぐり見返し（裏）

後ろ（表）

⑤カーブの強い部分の縫い代に切込み

④角の縫い代をカット

前（裏）

1

②後ろ端見返しを上に重ねる

③衿ぐり、後ろ端、見返し裾を縫う

後ろ端見返し（裏）

ひも

①ひも、布ループをはさんで身頃と見返しを中表に合わせる

④ 1

前衿ぐり見返し（裏）

0.2

前（裏）

見返し衿ぐり（裏）

後ろ（裏）

後ろ端見返し（表）

⑥見返しを裏に返し、衿ぐりの縫い代を見返し側に倒して見返しまで通して縫う

前衿ぐり見返し（表）

前（裏）

後ろ衿ぐり見返し（表）

0.1

後ろ（裏）

後ろ端見返し（表）

⑦見返し奥にステッチ

4. 袖をつける

②縫い代を始末し、身頃側に一緒にロックミシンで片返し

1

袖（裏）

①身頃と袖を中表に合わせて縫う

後ろ（裏）

前（裏）

0.1

③ステッチ

1

5. 袖下から脇を続けて縫う。
袖口を三つ折りミシンで始末し、ゴムテープを通す

後ろ（表）

袖（裏）

前（裏）

①袖下から脇を続けて縫う

②縫い代を2枚一緒にロックミシンで始末し、後ろ側に片返し

1

③1折る

袖（裏）

1

④出来上りに折り、ゴムテープ通し口を残してステッチ

袖（裏）

2

0.1

2（通し口）

⑤ゴムテープを通し、1重ねて縫う

袖（裏）

⑥通し口にステッチ

スモックのパターン配置図
※ペチパンツはP.65

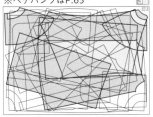

実物大パターン（3面）のパーツ数：8
※ポケットBのパターンは2面

材料 (スモックとペチパンツをセットで作る場合)
表布（リネンビエラ）＝110cm幅5m60cm
接着芯＝90cm幅20cm
レース（裾用）＝7cm幅57cmを2枚（縫い代込み）
ゴムテープ＝0.8cm幅28cmを2本
　（袖口用・縫い代込み）、
　1.2cm幅45cmを2本（裾用・縫い代込み）、
　2.5cm幅56cmを1本（ウエスト用・縫い代込み）

裁断のポイント
スモックの前後衿ぐり見返し、ペチパンツの裾見返しのパターンはそれぞれヨーク、パンツの中に入っています。ヨーク、パンツとは別に写し取ってパターンを作ります。前衿ぐり見返しのパターンは中心で開いた形で裁断していますが、他のパーツを裁断した後、布地を二つ折りにして裁断してもいいでしょう。中心で開いた形のパターンの作り方はP.38を参照してください。ひものパターンはありません。裁合せ図を参照して布地から直接裁断します。

縫い方ポイント
スモックの前切替え、袖つけ、脇から袖下、肩、ヨークつけ、ペチパンツの脇、股下、股ぐりの縫い代は縫い合わせてから2枚一緒にロックミシンで始末し、それぞれ片返しにします。

縫い始める前の準備
裁合せ図を参照して接着芯をはる。

スモックの作り方順序
1　ポケットを作り、つける。→P.50　ミシンかんぬき止めはなし。ポケット口は完全三つ折りミシンで始末。→P.47
2　前切替えを縫う。縫い代は脇側に片返し。
3　袖をつける。
4　袖下から脇を続けて縫う。袖口を三つ折りミシンで始末し、ゴムテープを通す。
5　ヨークと衿ぐり見返しの肩をそれぞれ縫う。
6　衿ぐりを見返しで縫い返す。
7　身頃、袖とヨークを縫い合わせる。
8　裾を完全三つ折りミシンで始末する。
9　ひもを作る。→P.41
10　ひもをはさんで後ろ端を完全三つ折りミシンで始末する。→P.41

裁合せ図（スモックとペチパンツをセットで作る場合）

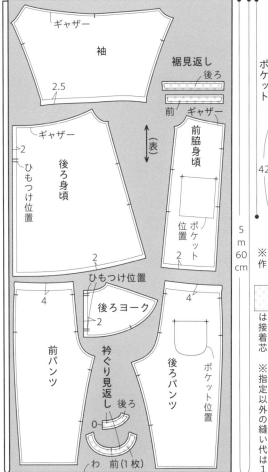

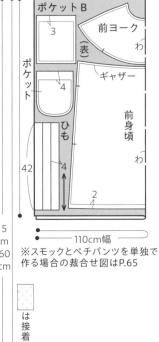

5m60cm

※スモックとペチパンツを単独で作る場合の裁合せ図はP.65

■は接着芯
※指定以外の縫い代は1

作り方順序

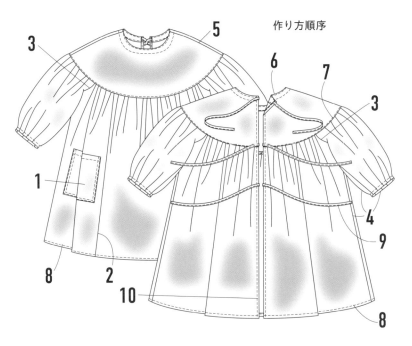

3. 袖をつける

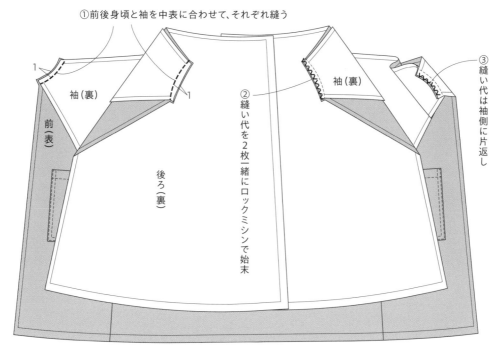

①前後身頃と袖を中表に合わせて、それぞれ縫う

1

袖（裏）

前（表）

②縫い代を2枚一緒にロックミシンで始末

後ろ（裏）

袖（裏）

③縫い代は袖側に片返し

4. 袖下から脇を続けて縫う。
袖口を三つ折りミシンで始末し、
ゴムテープを通す

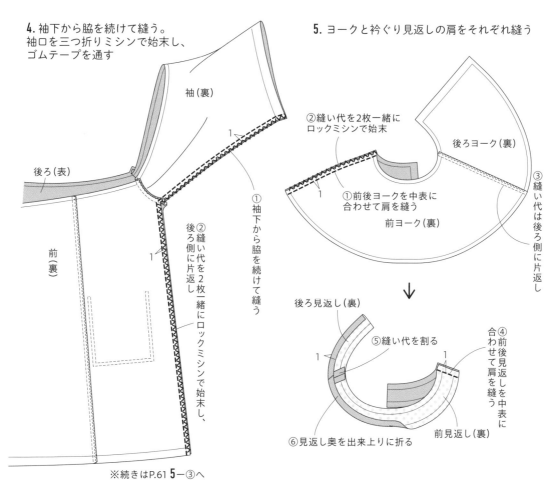

袖（裏）

後ろ（表）

①袖下から脇を続けて縫う

前（裏）

②縫い代を2枚一緒にロックミシンで始末し、後ろ側に片返し

※続きはP.61 5ー③へ

5. ヨークと衿ぐり見返しの肩をそれぞれ縫う

②縫い代を2枚一緒にロックミシンで始末

後ろヨーク（裏）

①前後ヨークを中表に合わせて肩を縫う

前ヨーク（裏）

③縫い代は後ろ側に片返し

後ろ見返し（裏）

⑤縫い代を割る

④前後見返しを中表に合わせて肩を縫う

⑥見返し奥を出来上りに折る

前見返し（裏）

6. 衿ぐりを見返しで縫い返す

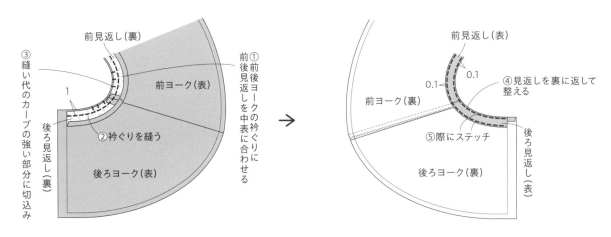

前見返し（裏）

③縫い代のカーブの強い部分に切込み

1

②衿ぐりを縫う

後ろ見返し（裏）

後ろヨーク（表）

前ヨーク（表）

①前後ヨークの衿ぐりに前後見返しを中表に合わせる

前見返し（表）

0.1 0.1

④見返しを裏に返して整える

前ヨーク（裏）

⑤際にステッチ

後ろ見返し（表）

後ろヨーク（裏）

7. 身頃、袖とヨークを縫い合わせる

①粗ミシンをかけ、糸を引いてギャザーを寄せる。
※粗ミシンは後ろ身頃、袖、前身頃を別々にかける。ギャザーは
前後ヨークの切替え線と同寸法になるように、全体に均等に寄せる。

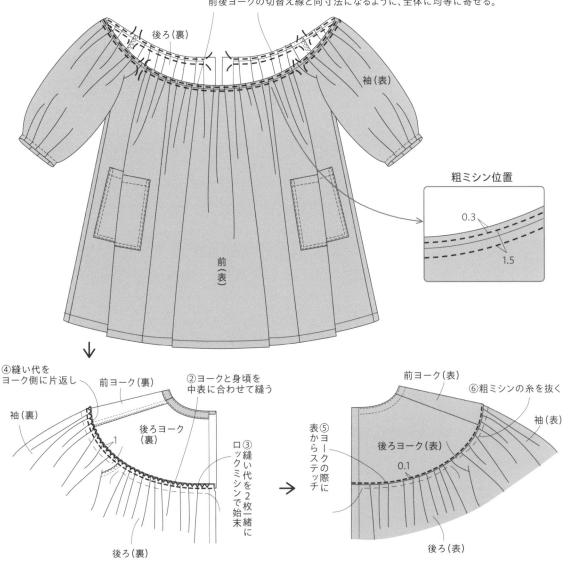

後ろ（裏）

袖（表）

前（表）

粗ミシン位置

0.3

1.5

④縫い代をヨーク側に片返し

袖（裏）

前ヨーク（裏）

②ヨークと身頃を中表に合わせて縫う

後ろヨーク（裏）

1

③縫い代を2枚一緒にロックミシンで始末

後ろ（裏）

前ヨーク（表）

⑥粗ミシンの糸を抜く

⑤ヨークの際に表からステッチ

後ろヨーク（表）

0.1

袖（表）

後ろ（表）

ペチパンツのパターン配置図

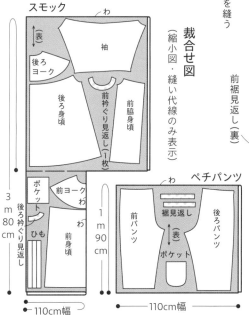

実物大パターン（3面）のパーツ数：5

作り方順序
1 ポケットを作り、つける。→P.68
2 脇を縫う。縫い代は後ろ側に片返し。
3 股下を縫う。縫い代は後ろ側に片返し。
4 裾見返しの脇と股下、レースの股下を縫い割り、裾を始末する。
5 前後の股ぐりを続けて縫う。縫い代は左パンツ側に片返し。
6 ウエストを三つ折りミシンで始末し、ゴムテープを通す。ゴムテープ通し口を縫う。

**スモックとペチパンツを
単独で作る場合の表布**
スモック=110cm幅3m80cm
ペチパンツ=110cm幅1m90cm

作り方順序

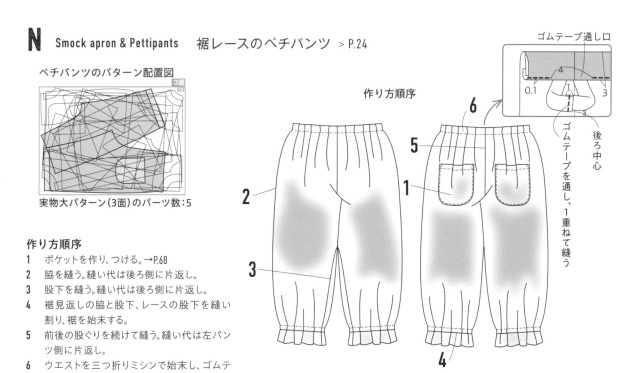

ペチパンツの出来上り寸法表

ヒップ	パンツ丈	股下丈
106	83	50

単位はcm

裁合せ図
（縮小図・縫い代線のみ表示）

スモック

ペチパンツ

4. 裾見返しの脇と股下、レースの股下を縫い割り、裾を始末する

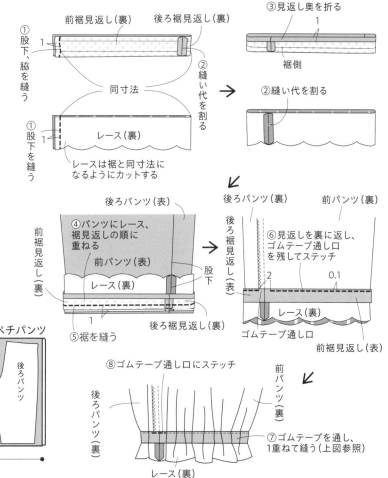

パターン配置図

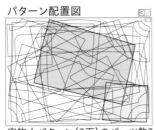

実物大パターン（3面）のパーツ数2

材料
表布（ナチュラルリネン）=110cm幅2m
ゴムテープ=2cm幅74cm（縫い代込み）

裁断のポイント
ヨーク、スカートとも前後同じパターンを使用して
います。

縫い方ポイント
脇、後ろ中心の縫い代は縫い合わせてから2枚一
緒にロックミシンで始末し、それぞれ片返しにし
ます。ゴムテープの長さは、ウエスト寸法に合わせ
て長さを加減してください。

作り方順序
1 ヨーク、スカートの脇をそれぞれ縫う。縫い代
  はそれぞれ後ろ側に片返し。
2 スカートの裾を完全三つ折りミシンで始末す
  る。→P.47
3 スカートの上端にギャザーを寄せ（→P.64）、
  ヨークと縫い合わせる。縫い代はヨーク側に
  片返しにし、ステッチ。
4 ウエストを三つ折りミシンで始末し、ゴムテー
  プを通す。

裁合せ図

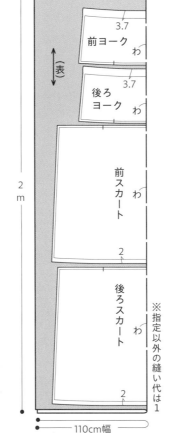

前ヨーク 3.7 わ
後ろヨーク 3.7 わ
前スカート 2 わ
後ろスカート 2 わ

（表）

2m

110cm幅

※指定以外の縫い代は1

出来上り寸法表

ウエスト	スカート丈
120	85

単位はcm

作り方順序

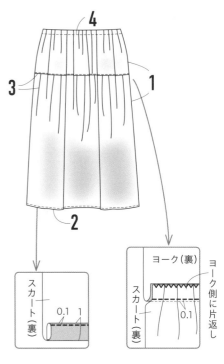

スカート（裏） 0.1 1

ヨーク（裏）
スカート（裏）
ヨーク側に片返し 0.1

1. ヨークの脇を縫う

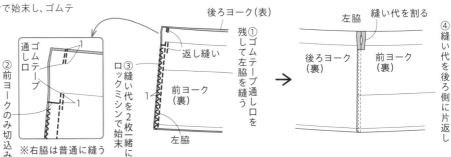

後ろヨーク（表）
ゴムテープ通し口
②前ヨークのみ切込み
①ゴムテープ通し口を残して左脇を縫う
②前ヨーク（裏）
返し縫い
③縫い代を2枚一緒にロックミシンで始末
左脇
※右脇は普通に縫う

左脇 縫い代を割る
後ろヨーク（裏） 前ヨーク（裏）
④縫い代を後ろ側に片返し

4. ウエストを三つ折りミシンで始末し、ゴムテープを通す

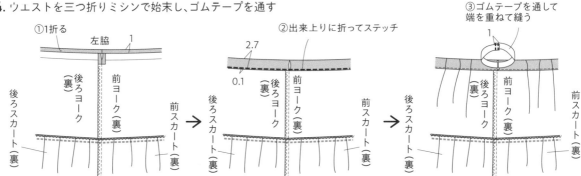

①1折る
左脇 1
後ろヨーク（裏） 前ヨーク（裏）
後ろスカート（裏） 前スカート（裏）

②出来上りに折ってステッチ
2.7
0.1
後ろヨーク（裏） 前ヨーク（裏）
後ろスカート（裏） 前スカート（裏）

③ゴムテープを通して端を重ねて縫う
1
後ろヨーク（裏） 前ヨーク（裏）
後ろスカート（裏） 前スカート（裏）

パターン配置図

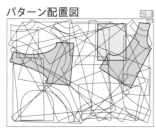

実物大パターン（2面）のパーツ数3

材料

表布（綿ローンプリント）
　=110cm幅2m50cm
ボタン＝直径1.5cm2個

裁断のポイント

前後スカート、バイアス布、布ループのパターーンはありません。裁合せ図を参照して布地から直接裁断します。バイアス布は長めに裁断しています。仕立てる途中で余分はカットします。前身頃のパターンは中心で開いた形で裁断していますが、他のパーツを裁断した後、布地を二つ折りにして裁断してもいいでしょう。中心で開いた形のパターンの作り方はP.38を参照してください。

縫い方ポイント

肩、脇、ウエストはぎの縫い代は縫い合わせてから2枚一緒にロックミシンで始末し、それぞれ片返しにします。

作り方順序

1　肩を縫う。縫い代は後ろ側に片返し。
2　衿ぐりにバイアス布をつける。
3　布ループを作る。
4　布ループをはさんで後ろ端を三つ折りミシンで始末し、衿ぐりのバイアス布の端にステッチ。
5　袖ぐりにバイアス布をつけ、バイアス布から続けて脇を縫って袖ぐりを整える。→P.54〜55
6　ポケットを作り、つける。→P.50
7　スカートの脇を縫う。縫い代は後ろ側に片返し。
8　スカートの裾を三つ折りミシンで始末する。→P.44
9　スカートのウエストにギャザーを寄せ（→P.45）、身頃と縫い合わせる。縫い代は身頃側に片返しにし、ステッチ。
10　ボタンをつける。

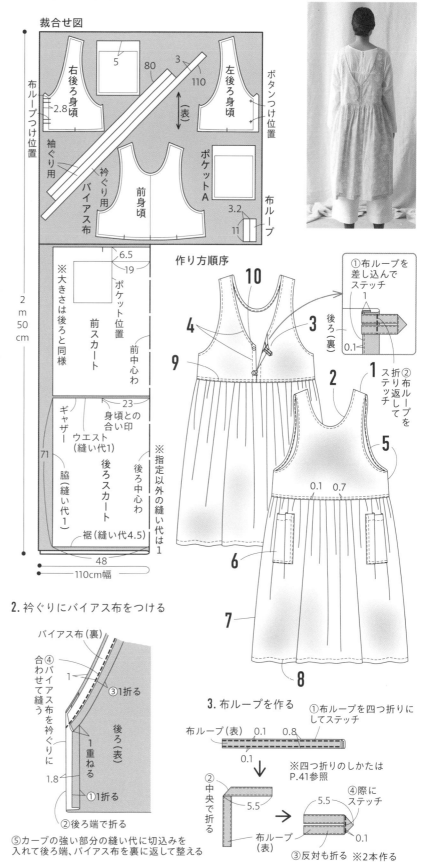

裁合せ図

右後ろ身頃　2.8
左後ろ身頃
ボタンつけ位置
5
80
3
110
（表）
布ループつけ位置
袖ぐり用
衿ぐり用
バイアス布
前身頃
ポケットA
布ループ
3.2
11

ポケット位置　6.5　19
前スカート
※大きさは後ろと同様
前中心わ

後ろスカート
ギャザー
ウエスト（縫い代1）
身頃との合い印　23
脇（縫い代1）
71
後ろ中心わ
※指定以外の縫い代は1
裾（縫い代4.5）
48
110cm幅

2 m 50 cm

作り方順序

①布ループを差し込んでステッチ
1
後ろ（裏）
0.1
②布ループを折り返してステッチ

10
9
4
3
2
1
5
0.1　0.7
6
7
8

2. 衿ぐりにバイアス布をつける

バイアス布（裏）
④バイアス布を衿ぐりに合わせて縫う
③1折る
1
後ろ（表）
1重ねる
1.8
①1折る
②後ろ端で折る
⑤カーブの強い部分の縫い代に切込みを入れて後ろ端、バイアス布を裏に返して整える

3. 布ループを作る

①布ループを四つ折りにしてステッチ
布ループ（表）　0.1　0.8
0.1
※四つ折りのしかたはP.41参照
②中央で折る　5.5
布ループ（表）
5.5
④際にステッチ
0.1
③反対も折る　※2本作る

67

パターン配置図

実物大パターン（3面）のパーツ数5

材料

表布（ナチュラルリネン）
=110cm幅2m40cm

裁断のポイント

ひも、バイアス布のパターンはありません。裁合せ図を参照して布地から直接裁断します。バイアス布は長めに作っています。仕立てる途中で余分はカットします（P.48参照）。

縫い方ポイント

肩、脇、ウエスト切替えの縫い代は縫い合わせてから2枚一緒にロックミシンで始末し、それぞれ片返しにします。ポケット口の上端角には、色糸でミシンかんぬき止めをかけます（P.42参照）。

作り方順序

1　ポケットを作り、つける。
2　肩を縫う。縫い代は後ろ側に片返し。
3　袖ぐりを完全三つ折りミシンで始末する。→P.47
4　スカートの脇を縫う。縫い代は後ろ側に片返し。
5　スカートの裾を完全三つ折りミシンで始末する。
6　身頃とスカートを縫い合わせる。
7　ひもを作る。→P.41
8　ひもをはさんで、後ろ端を完全三つ折りミシンで始末する。→P.41
9　衿ぐりを縁とりし、続けてひもを作る。→P.49

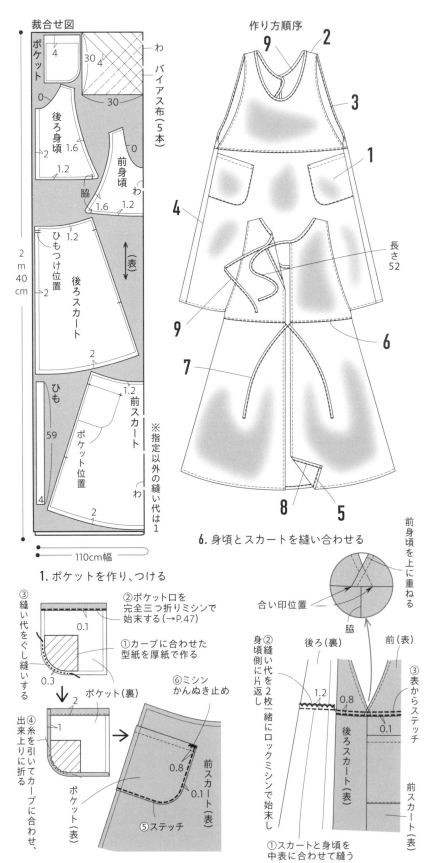

パターン配置図

実物大パターン（4面）のパーツ数2
※ポケットBのパターンは2面

材料（キッチンクロス分は含まれていません）
表布（リネンワッシャー）
　＝110cm幅1m30cm
別布（コットン）＝20cm×1m

裁断のポイント
キッチンクロスは好みのサイズで作ります。
見返しのパターンはエプロンの中に入っています。エプロンとは別に写し取ってパターンを作ります。別布のパターン、バイアス布のパターンはありません。裁合せ図を参照して布地から直接裁断します。バイアス布は長めに裁断しています。仕立てる途中で余分はカットします。

縫い方ポイント
別布は2cm幅の綿テープなどを2枚重ねて使用してもいいでしょう。その場合は長さ5m60cmです。

作り方順序
1　ポケット用のタブを作る（→P.41のひもの作り方）。ポケットを作り、つける（→P.50、左側のポケットにタブをはさむ）。ポケット口は完全三つ折りミシンで始末する。→P.47
2　裾を完全三つ折りミシンで始末する。
3　ひも、つりひも（→P.41）、布ループ（→P.60）を作る。
4　ひもをはさんで、脇を完全三つ折りミシンで始末する。→P.41
5　上端、袖ぐりを始末する。

裁合せ図
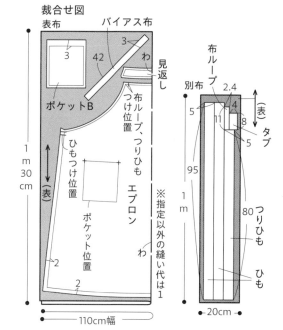

作り方順序
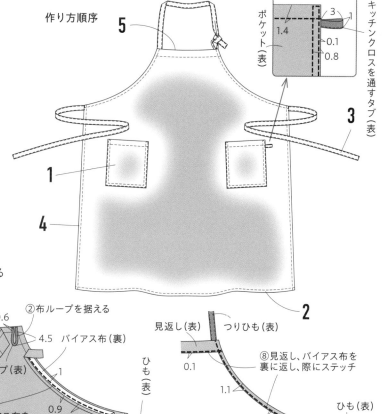

5. 上端、袖ぐりを始末する

⑤カーブの強い部分の
縫い代に切込み
⑥角の縫い代をカット
見返し（裏）
②布ループを据える
③バイアス布の端、
見返し奥を折る
バイアス布（裏）
布ループ（表）
④見返し、バイアス布を
中表に合わせて、上端、
袖ぐりを縫う
⑦余分を
カット
つりひも（表）
①つりひもを据える
エプロン（表）
ひも（表）

見返し（表）　つりひも（表）
⑧見返し、バイアス布を
裏に返し、際にステッチ
エプロン（裏）
バイアス布（表）
ひも（表）

Back Style

パターン配置図

実物大パターン（4面）のパーツ数6
※ポケットBのパターンは2面

材料

表布（ナチュラルリネン）
=110cm幅3m60cm
接着芯=90cm幅20cm
ゴムテープ
=0.8cm幅25cmを2本（縫い代込み）

裁断のしかた

前身頃は一部を折り返しています。P.38を参照して全体を写します。前後衿ぐり見返しのパターンは中心で開いた形で裁断していますが、他のパーツを裁断した後、布地を二つ折りにして裁断してもいいでしょう。中心で開いた形のパターンの作り方はP.38を参照してください。前後衿ぐり見返しのパターンは身頃の中にそれぞれ入っています。身頃とは別に写し取ってパターンを作ります。

縫い方ポイント

後ろ切替え、肩、脇の縫い代は縫い合わせてから2枚一緒にロックミシンで始末し、それぞれ片返しにします。

縫い始める前の準備

裁合せ図を参照して接着芯をはる。

作り方順序

1 後ろスカートの上端にギャザーを寄せ（→P.45）、後ろ身頃と縫い合わせる。縫い代は身頃側に片返しにし、ステッチ。
2 身頃と見返しの肩をそれぞれ縫う。身頃の縫い代は後ろ側に片返しにし、見返しの縫い代は割る。見返し奥を出来上りに折る。
3 衿ぐりを見返しで縫い返し、見返し奥をステッチでとめる。→P.57
4 脇を縫う。縫い代は後ろ側に片返し。
5 ポケットを作り、つける。→P.50
6 裾を完全三つ折りミシンで始末する。→P.47
7 袖を作り、つける。

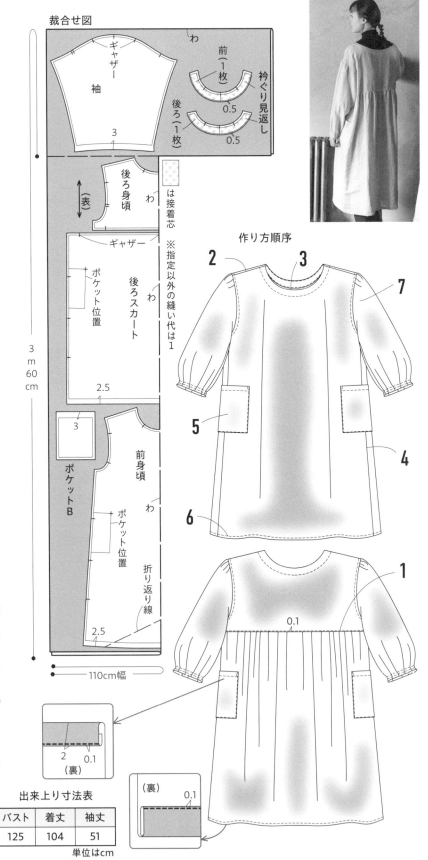

裁合せ図

は接着芯 ※指定以外の縫い代は1

作り方順序

出来上り寸法表

バスト	着丈	袖丈
125	104	51

単位はcm

7. 袖を作り、つける

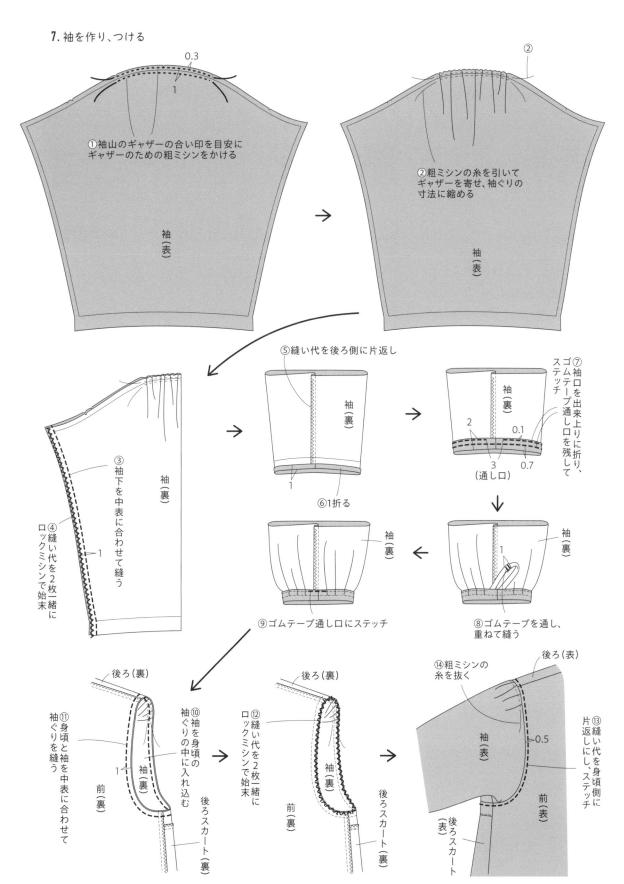

① 袖山のギャザーの合い印を目安に
ギャザーのための粗ミシンをかける

0.3
1

袖（表）

② 粗ミシンの糸を引いて
ギャザーを寄せ、袖ぐりの
寸法に縮める

②

袖（表）

③ 袖下を中表に合わせて縫う

④ 縫い代を2枚一緒に
ロックミシンで始末

1

袖（裏）

⑤ 縫い代を後ろ側に片返し

袖（裏）

1

⑥ 1折る

⑦ 袖口を出来上りに折り、
ゴムテープ通し口を残して
ステッチ

2
3
（通し口）
0.1
0.7

袖（裏）

袖（裏）

1

⑧ ゴムテープを通し、
重ねて縫う

⑨ ゴムテープ通し口にステッチ

袖（裏）

⑩ 袖を身頃の
袖ぐりの中に入れ込む

⑪ 身頃と袖を中表に合わせて
袖ぐりを縫う

後ろ（裏）

1

袖（裏）

前（裏）

後ろスカート（裏）

⑫ 縫い代を2枚一緒に
ロックミシンで始末

後ろ（裏）

袖（裏）

前（裏）

後ろスカート（裏）

⑬ 縫い代を身頃側に片返しにし、ステッチ

⑭ 粗ミシンの糸を抜く

後ろ（表）

袖（表）

0.5

前（表）

後ろスカート（表）

パターン配置図

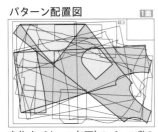

実物大パターン（1面）のパーツ数3

材料

表布（ナチュラルリネン）
　＝110cm幅2m40cm
ボタン＝直径1.1cm1個

裁断のポイント

前後身頃は一部を折り返しています。P.38を参照して全体を写します。衿ぐり、袖ぐり用のバイアス布のパターンはありません。裁合せ図を参照して布地から直接裁断します。バイアス布は長めに裁断しています。仕立てる途中で余分はカットします。

縫い方ポイント

後ろ中心のあき止りから下の縫い代は、始めにロックミシンをかけておきます。肩、脇の縫い代は縫い合わせてから2枚一緒にロックミシンで始末し、それぞれ後ろ側に片返しにします。

作り方順序

1　ポケットを作り、つける。→P.68
2　布ループを作る。→P.60
3　後ろ中心を縫い、後ろあきを始末する。
4　肩を縫う。
5　衿ぐりをバイアス布で始末する。→P.59
6　袖ぐりにバイアス布をつけ、脇を縫って袖ぐりを整える。→P.54～55
7　裾を完全三つ折りで始末する。→P.47
8　ボタンをつける。

裁合せ図

（後ろ身頃、前身頃、ポケット、衿ぐり用、袖ぐり用バイアス布）

-2.6　65 衿ぐり用
-1.6　袖ぐり用
あき止り
後ろ身頃
わ
バイアス布
折り返り線
2
ポケット　2.5
前身頃
わ
ポケット位置
折り返り線
2
※指定以外の縫い代は1
110cm幅
2m40cm

出来上り寸法表

バスト	着丈
100	111

単位はcm

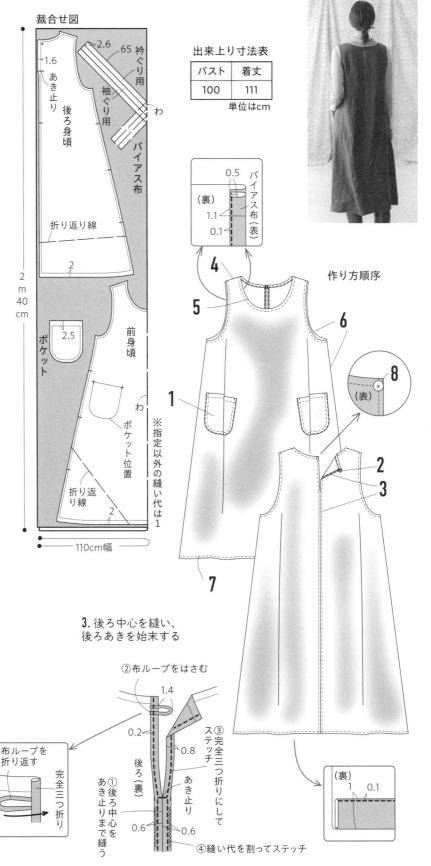

バイアス布（表）
0.5
（裏）
1.1
0.1

4

作り方順序

5

6

8
（表）×

1

2

3

7

（裏）
1　0.1

3. 後ろ中心を縫い、後ろあきを始末する

②布ループをはさむ
1.4
0.2
0.8
③完全三つ折りにしてステッチ
後ろ（裏）
あき止り
①後ろ中心をあき止りまで縫う
0.6　0.6
④縫い代を割ってステッチ

※布ループの作り方はP.60参照

1.4
3
0.8
折る
端を合わせる
→
布ループを折り返す
完全三つ折り

パターン配置図

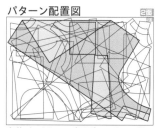

実物大パターン（2面）のパーツ数4

材料
表布（厚手ツイル）＝110cm幅1m40cm

裁断のポイント
エプロンは布幅いっぱいを利用しています。幅の狭い布地を使用する場合は、幅に合わせてはぎ目を作ります。エプロンは一部を折り返して掲載しています。P.38を参照して全体を写します。前見返しのパターンはエプロンの中に入っています。エプロンとは別に写し取ってパターンを作ります。

縫い方ポイント
袖ぐりは完全三つ折りミシン（P.47参照）で始末します。カーブの強い部分はアイロンを使い、縫い代部分を伸ばして形を整えます。肩ひもは右肩は左後ろ、左肩は右後ろにつけます。

作り方順序
1　ポケットを作り、つける。→P.50　ポケット口は完全三つ折りミシンで始末。→P.47
2　裾を三つ折りミシンで始末する。→P.44
3　肩ひもの衿ぐり側を完全三つ折りミシンで始末する。
4　肩を縫う。縫い代は2枚一緒にロックミシンで始末し、エプロン側に片返し。
5　衿ぐりを見返しで縫い返す。
6　後ろ上端に肩ひもをつけ、後ろ上端～袖ぐり～肩ひも端～後ろ端と続けて完全三つ折りミシンで始末する。

裁合せ図

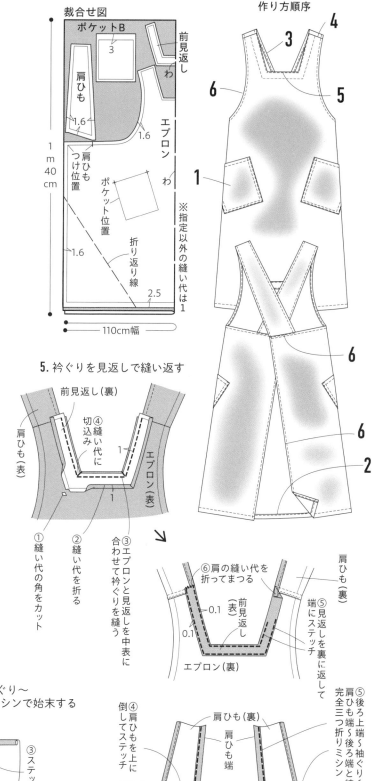

5. 衿ぐりを見返しで縫い返す

6. 後ろ上端に肩ひもをつけ、後ろ上端～袖ぐり～肩ひも端～後ろ端と続けて完全三つ折りミシンで始末する

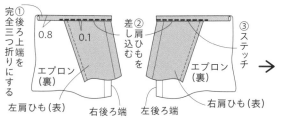

パターン配置図　4面

実物大パターン（4面）のパーツ数9

材料

表布（リネンツイルワッシャー）
　=110cm幅3m10cm
接着芯=90cm幅55cm
綾織りテープ（ひも分）=0.8cm幅1m80cm

裁断のポイント

各見返しのパターンは身頃の中にそれぞれ入っています。身頃とは別に写し取ってパターンを作ります。前後衿ぐり見返しのパターンは中心で開いた形で裁断していますが、他のパーツを裁断した後、布地を二つ折りにして裁断してもいいでしょう。中心で開いた形のパターンの作り方はP.38を参照してください。

縫い方ポイント

身頃とパンツの脇、パンツの股下、股ぐりの縫い代は縫い合わせてから2枚一緒にロックミシンで始末し、それぞれ片返しにします。

縫い始める前の準備

裁合せ図を参照して接着芯をはり、身頃の前後中心の縫い代端をロックミシンで始末する。

作り方順序

1　前後身頃の中心をそれぞれ縫い割る。
2　身頃の肩を縫う。縫い代は後ろ側に片返しにし、ステッチ。
3　身頃の脇を縫う。縫い代は後ろ側に片返しにし、ステッチ。
4　衿ぐり、袖ぐり見返しの肩、脇を縫い割る。見返し奥を出来上りに折る。
5　衿ぐり、袖ぐりを見返しで縫い返す。
6　ポケットを作り、つける。→P.68　ポケット口は三つ折りミシンで始末。→P.44
7　パンツの脇を縫う。縫い代は後ろ側に片返しにし、ステッチ。
8　パンツの股下を縫う。縫い代は後ろ側に片返し。
9　前後の股ぐりを続けて縫う。
10　裾を三つ折りミシンで始末する。
11　身頃とパンツのウエストを縫い合わせる。
12　ひもの端を完全三つ折りミシンで始末する。ひもを通す。

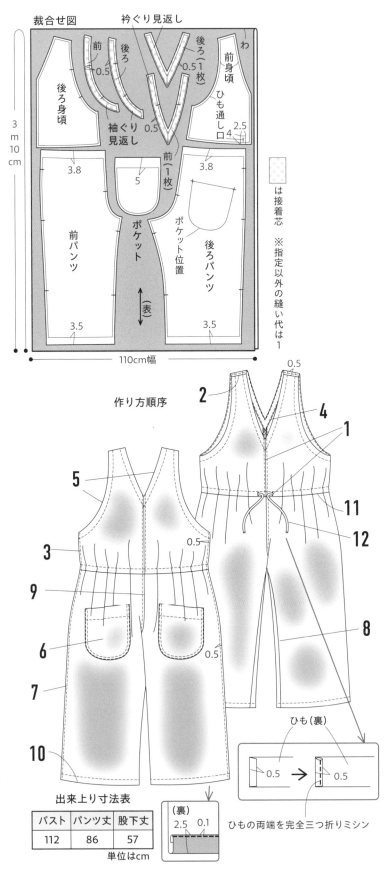

裁合せ図

衿ぐり見返し

後ろ身頃　前　後ろ　後ろ（1枚）　0.5　0.51枚　わ　前身頃　ひも通し口　2.5　4

袖ぐり見返し　0.5　前（1枚）

3.8　5　3.8

前パンツ　ポケット　ポケット位置　後ろパンツ

（表）

3.5　3.5

□は接着芯　※指定以外の縫い代は1

3m10cm　110cm幅

作り方順序

ひも（裏）　0.5　→　0.5

ひもの両端を完全三つ折りミシン

（裏）　2.5　0.1

出来上り寸法表

バスト	パンツ丈	股下丈
112	86	57

単位はcm

1. 前後身頃の中心をそれぞれ縫い割る

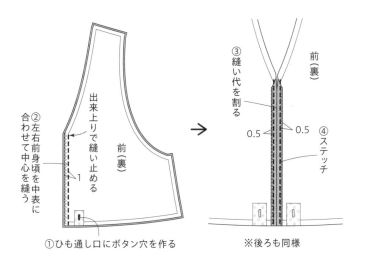

②左右前身頃を中表に合わせて中心を縫う

出来上りで縫い止める

前（裏）

①ひも通し口にボタン穴を作る

③縫い代を割る

前（裏）

0.5 0.5

④ステッチ

※後ろも同様

5. 衿ぐり、袖ぐりを見返しで縫い返す

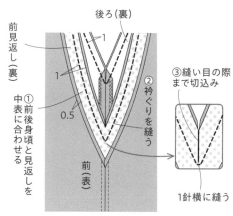

後ろ（裏）

前見返し（裏）

①前後身頃と見返しを中表に合わせる

②衿ぐりを縫う

前（表）

③縫い目の際まで切込み

1針横に縫う

④P.61を参照して見返しを裏に返し、見返し奥をステッチでとめる

※袖ぐりも同様

9. 前後の股ぐりを続けて縫う

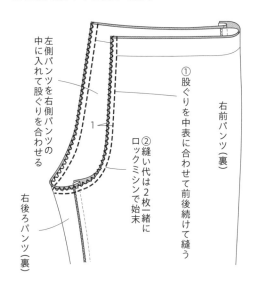

左側パンツの中に入れて股ぐりを右側パンツの合わせる

右後ろパンツ（裏）

①股ぐりを中表に合わせて前後続けて縫う

②縫い代は2枚一緒にロックミシンで始末

右前パンツ（裏）

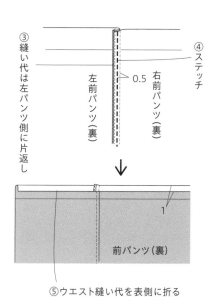

③縫い代は左パンツ側に片返し

左前パンツ（裏）

0.5

右前パンツ（裏）

④ステッチ

前パンツ（裏）

⑤ウエスト縫い代を表側に折る

11. 身頃とパンツのウエストを縫い合わせる

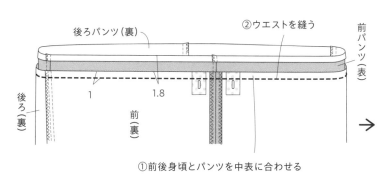

後ろパンツ（裏）

②ウエストを縫う

前パンツ（表）

後ろ（裏）

1　　1.8

前（裏）

①前後身頃とパンツを中表に合わせる

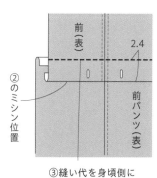

前（表）

2.4

②のミシン位置

前パンツ（表）

③縫い代を身頃側に倒してステッチ

パターン配置図 [4面]

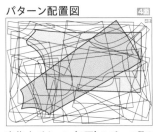

実物大パターン（4面）のパーツ数2
※ポケットCのパターンは2面

材料
表布（リネンストライプ）=110cm幅2m20cm
ゴムテープ=1cm幅42cm

裁断のポイント
バイアス布のパターンはありません。裁合せ図を参照して布地から直接裁断します。バイアス布は長めに裁断しています。仕立てる途中で余分はカットします。

縫い方ポイント
脇は縫い合わせる前に、前後とも縫止りから上10cmくらいの縫い代端をロックミシンで始末しておきます。縫止りから上の縫い代は縫い合わせてから2枚一緒にロックミシンで始末し、後ろ側に片返しにし、スリット部分は完全三つ折りミシンで始末します。

作り方順序
1　ポケットを作り、つける。→P.50
2　後ろ上端をバイアス布で始末し、ゴムテープを通して端をミシンでとめる。
3　脇を縫い、脇スリットを作る。→P.43
4　袖ぐりをバイアス布で始末する。
5　裾を完全三つ折りミシンで始末する。→P.47
6　前衿ぐりを縁とりし、続けて肩ひもを作る。肩ひもを後ろ身頃にとめる。

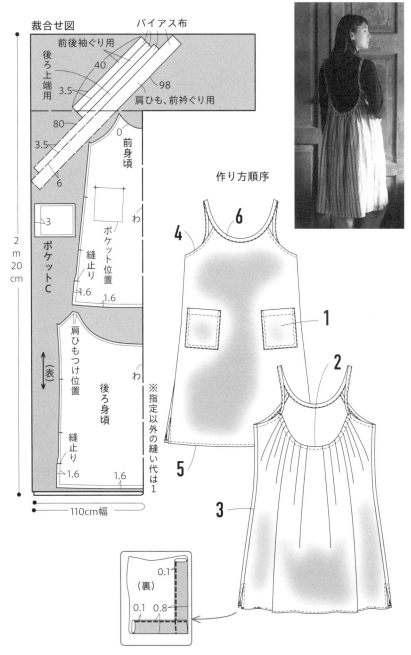

2. 後ろ上端をバイアス布で始末し、ゴムテープを通して端をミシンでとめる

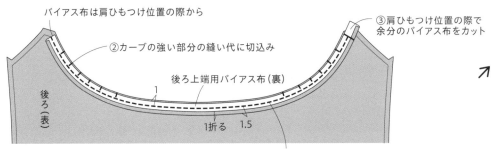

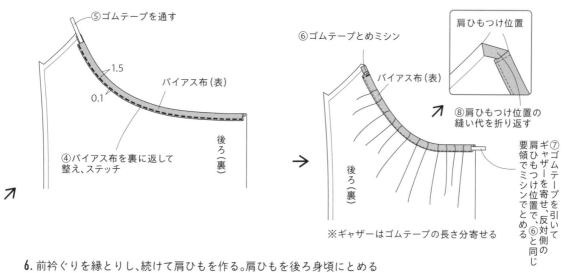

⑤ゴムテープを通す

1.5
0.1

バイアス布(表)

後ろ(裏)

④バイアス布を裏に返して
整え、ステッチ

⑥ゴムテープとめミシン

バイアス布(表)

後ろ(裏)

※ギャザーはゴムテープの長さ分寄せる

肩ひもつけ位置

⑧肩ひもつけ位置の
縫い代を折り返す

⑦ゴムテープを引いて
ギャザーを寄せ、反対側の
肩ひもつけ位置で、⑥と同じ
要領でミシンでとめる

6. 前衿ぐりを縁とりし、続けて肩ひもを作る。肩ひもを後ろ身頃にとめる

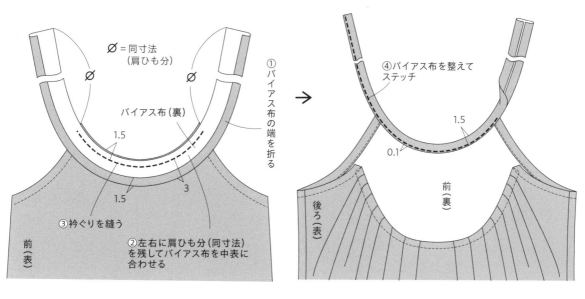

∅＝同寸法
（肩ひも分）

∅　　∅

バイアス布(裏)

1.5
1.5　3

③衿ぐりを縫う

②左右に肩ひも分(同寸法)
を残してバイアス布を中表に
合わせる

前(表)

①バイアス布の端を折る

④バイアス布を整えて
ステッチ

1.5
0.1

後ろ(表)

前(裏)

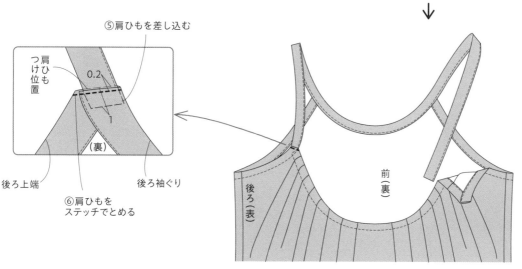

⑤肩ひもを差し込む

肩ひもつけ位置

0.2
1

(裏)

後ろ上端

⑥肩ひもを
ステッチでとめる

後ろ袖ぐり

後ろ(表)

前(裏)

message

コットンハウス・アヤのスタートは、
小さな木綿の生地屋さんからでした。

初めてのヨーロッパの旅で刺激を受け、
帰国後小さなアトリエを作り、気に入ったコットンやリネンでの製品作りが始まりました。
それからずっと、暮しに寄り添う心地いい服を作り続けています。

そんな中で、エプロン作りがスタートしました。
旅に出かけた時、ヨーロッパのカフェやレストランで使われていた、
アンティークのエプロンや作業着を蚤の市で見つけた感動が、
Ayaのエプロンのお手本になっています。
洋服よりも縫製がしやすく、どなたでも気楽に選んでいただけることで、
毎シーズン待っていてくれるお客さまが増えています。
エプロンも洋服と同じように天然素材を中心に選んで、丁寧な縫製でと心がけています。

近ごろ、街の中にAyaのエプロンをする人を見かけるようになりました。
エプロンをしたままお出かけを楽しんでもらいたい……。
そんな思いで作ったエプロン、洋服のコーディネートにプラスして
おしゃれな着こなしを見せてくれてうれしくなります。

最後に、Ayaの生産をささえてくれる日本の全国各地の物作りの匠の皆さまに、感謝申し上げます。

小原洋子　小原 彩　コットンハウス・アヤ

Yoko & Aya Obara
Cotton House Aya

イラスト　小原洋子

Champp de Ble
シャン ドゥ ブレ

東京都世田谷区奥沢5-20-18
tel.03−6421−1303
http//cotton-house-aya.jp

```
      1
2         3
     4
          5
6    7    8
          9
  10      11
```

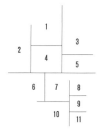

1 シーズンのエプロンがラインナップされている。

2 ディスプレーされた、おしゃれな白いエプロン。

3 ショップスタッフも、エプロンをレースのブラウスとコーディネート。

4 糸巻きとティーポット。アンティーク小物を使ったディスプレー。

5 ショップのアイコンのように入口近くに置かれたアンティークのアイロン。

6 常に数点は置いてあるかご、運がよければ、気に入ったものに出会える。

7 暮しのアクセントになるカフェオレボールやカトラリーを手に取れるのも、
　ショップを訪ねる楽しみ。

8 アクセサリーのような、ヴィンテージボタンのコレクション。

9 ヴィンテージのボタンの横にはアンティークのキッチン小物が。

10 製品に使われた残布で作ったバッグ、服とおそろいで選べることも。

11 製品を作った残り布も、着分で買うことができる。

ブックデザイン	天野美保子
撮影	中島千絵美
スタイリング	串尾広枝
ヘア&メークアップ	大西あけみ
モデル	記虎ミア

作り方解説、 デジタルトレース、 パターン配置	近藤博子
DTPオペレーション	末澤七帆（文化出版局）
校閲	向井雅子
編集	宮崎由紀子
	大沢洋子（文化出版局）

撮影協力

・原宿シカゴ　下北沢店 (p.7ジーンズ　p.8シャツ、ジーンズ　p.17パンツ)　tel.03-3419-2890

・パン製作　かいじゅう屋 (p.10、11)　Instagram/@kaijyuya

・コットンハウス・アヤ　http://cotton-house-aya.jp/

エプロン と ワークウェア

2023年12月21日　第1刷発行
2024年5月21日　第2刷発行

著　者　小原洋子　小原 彩
発行者　清木孝悦
発行所　学校法人文化学園 文化出版局
　　　　〒151-8524　東京都渋谷区代々木3-22-1
　　　　tel.03-3299-2489（編集）　03-3299-2540（営業）
印刷・製本所　株式会社文化カラー印刷

文化出版局のホームページ　https://books.bunka.ac.jp/